EL ARTE ANDALUSÍ.

"La Mezquita de Córdoba."

D. José Vargas Padilla

C.V.

José Vargas Padilla, nació en Málaga, en pleno corazón de la Costa del Sol, a un paso de la Alhambra Granaina, lugar que visita todos los años. Educado por Jesuitas en su tierra natal, donde adquirió el hábito de ser lector voraz y crítico. A posteriori, entre su formación adquirida, podemos destacar su Máster en "Gestión de Residencias y Servicios para la Tercera Edad", además de su especialización en "Administración y Gestión de Empresas". Viajero apasionado y Chef los fines de semana, trabaja desde hace mas de una década en Web Design y Nuevas Tecnologías, otra de sus grandes pasiones.

ISBN-10: 1548193674
ISBN-13: 978-1548193676

www.guiasgourmetparacurrantes.com
Email: info@guiasgourmetparacurrantes.com

Printed by CreateSpace

INIDICE

Dedicatoria

A mi madre, a mi padre y a la familia…

A Karinita, por la cual escribi sobre Granada y la Alhambra.

A Mencia, una crack del motociclismo.

A mis amistades, en particular a David que lee todo lo que escribo a "punta de pistola", a Alfonso que soporta horas escuchando hablar de lo que escribo…

A Berni, la ANTIchef…

A los lectores…

Prologo

Hemos de reconocer, que leerse casi 400 páginas, tiene mérito, aunque sea de un libro dinámico y entretenido, como "El Arte Andalusí. De la Alhambra a la Mezquita de Corduba.", por ello, y más aún, por la insistencia de mi amiga Berni, escribo esta versión más "light" o breve, dedicado en exclusiva al Arte Andalusí Cordobés o la Mezquita de Córdoba.

Qué Bonito es el arco árabe?

Siempre la misma respuesta, ese es el arco de herradura ibero visigodo, que los musulmanes o arte islámico copiaron.

Qué Bonito es el arte árabe?

Siempre la misma respuesta, eso es arte andalusí.

Qué Bonita es la Mezquita, porque no se devuelve a los musulmanes?

Siempre la misma respuesta, antes fue una Basílica Cristiana, y antes una Iglesia Paleocristiana, y antes…

Como se nota que la Mezquita se copio de la Alhambra?

Siempre la misma respuesta, la mezquita de Córdoba, se construyo 500 años antes que la Alhambra.

Que Buenos eran esos arquitectos árabes que vinieron de Arabia?

Siempre la misma respuesta, eran arquitectos andalusíes, es decir andaluces de religión musulmana.

⇨ **Preguntas y más preguntas,** cada vez que alguien decide bajar a esta Andalucía tan desconocida, pero tan visitada, ya hasta agota, así que porque no escribirlo, explicar que es el Islam, para los que no son musulmanes, que es el arte islámico o el arte andalusí...

Explicar los cuatro grandes estilos de esta tierra, que ha tenido muchos nombre, como Tarsis, Bética, Al Ándalus o Andalucía, que son el Estilo Califal, el Estilo Taifal con sus variantes como el Almohade, el Estilo Nazarí, y ese tan olvidado, como el Estilo Mudéjar, de una manera lo más sencilla posible, así evitamos responder siempre lo mismo.

⇨ **Descubrir las siete grandes maravillas del arte andalusí,** como son la Mezquita Catedral de Córdoba, la Giralda de Sevilla, la Alhambra de Granada o la Alcazaba de Málaga, sin olvidar los Reales Alcázares de Sevilla, es otra parte de este recorrido por esta Andalucía tan desconocida...

OTROS

La información presentada en esta obra es simple material informativo y no sustituye la consulta de cualquier otro profesional.

El autor y el editor están exentos de toda responsabilidad sobre daños y perjuicios, pérdidas o riesgos, personales o de cualquier otra índole, que pudieran producirse por el mal uso de la información aquí proporcionada.

Y sobre todo, a los que lean este libro, espero les sirva para conocer mejor Al- Ándalus, y si lo desean, pueden aportar ideas y propuestas para su ampliación, para lo cual les dejo mi contacto:

Email: info@guiasgourmetparacurrantes.com

OTROS LIBROS RECOMENDADOS.

⇨ **Café Gourmet para Currantes.** A la venta en Amazon y en El Corte Ingles.

⇨ **De la Alhambra a la Mezquita de Córdoba. El Arte Andalusí.** A la venta en Amazon.

OTROS LIBROS COLECCIÓN: UNA CENA EN DOS HORAS.

⇨ **Una Cena Árabe en Dos Horas.** A la venta en Amazon.

⇨ **Una Cena Marroquí en Dos Horas.** A la venta en Amazon.

⇨ **Una Cena de Túnez en Dos Horas.** A la venta en Amazon.

⇨ **Una Cena de Egipto en Dos Horas.** A la venta en Amazon.

⇨ **Una Cena de Siria en Dos Horas.** A la venta en Amazon.

⇨ **Una Cena del Líbano en Dos Horas.** A la venta en Amazon.

⇨ **Una Cena Turquía en Dos Horas.** A la venta en Amazon.

⇨ **Una Cena de Persia en Dos Horas.** A la venta en Amazon.

⇨ **Una Cena de Palestina & Israel en Dos Horas.** A la venta en Amazon.

⇨ **Una Cena Andalusí en Dos Horas.** A la venta en Amazon.

OTROS LIBROS COLECCIÓN: ADELGAZAR COMIENDO.

⇨ **Guía para Adelgazar sin Dietas y Comiendo: Perder Peso sin Pasar Hambre.** A la venta en Amazon.

⇨ **Las Recetas Antikilos.** A la venta en Amazon.

⇨ **Las Recetas de Wok AntiKilos.** . A la venta en Amazon.

⇨ **Diez Súper Alimentos que te harán Adelgazar.** Próximamente.

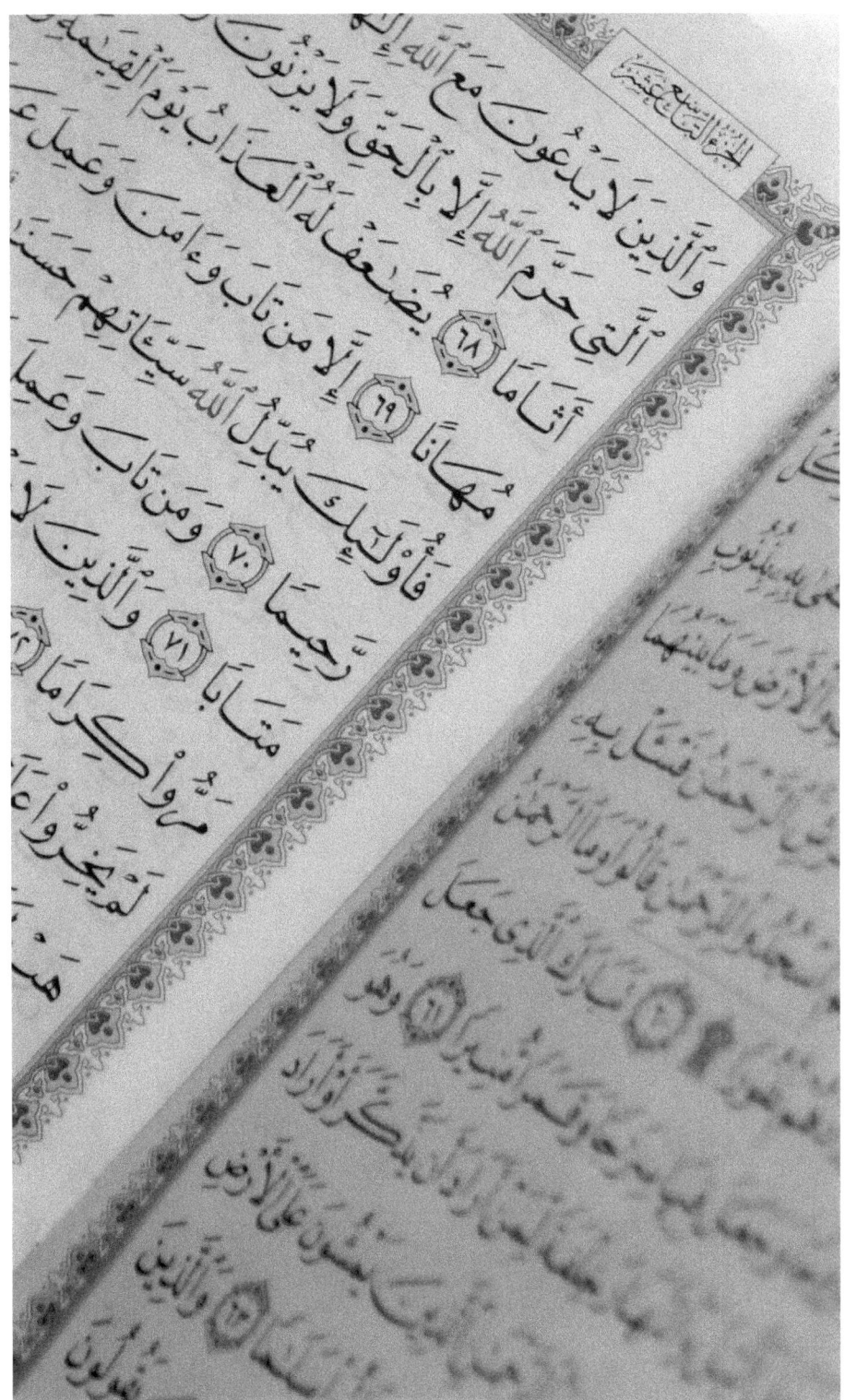

وَالَّذِينَ لَا يَدْعُونَ مَعَ اللَّهِ إِلَـٰهًا ءَاخَرَ وَلَا يَقْتُلُونَ النَّفْسَ الَّتِي حَرَّمَ اللَّهُ إِلَّا بِالْحَقِّ وَلَا يَزْنُونَ ۚ وَمَن يَفْعَلْ ذَٰلِكَ يَلْقَ أَثَامًا ﴿٦٨﴾ يُضَاعَفْ لَهُ الْعَذَابُ يَوْمَ الْقِيَامَةِ وَيَخْلُدْ فِيهِ مُهَانًا ﴿٦٩﴾ إِلَّا مَن تَابَ وَءَامَنَ وَعَمِلَ عَمَلًا صَالِحًا فَأُولَـٰئِكَ يُبَدِّلُ اللَّهُ سَيِّئَاتِهِمْ حَسَنَاتٍ ۗ وَكَانَ اللَّهُ غَفُورًا رَّحِيمًا ﴿٧٠﴾ وَمَن تَابَ وَعَمِلَ صَالِحًا فَإِنَّهُ يَتُوبُ إِلَى اللَّهِ مَتَابًا ﴿٧١﴾ وَالَّذِينَ

EL ISLAM O SUMISIÓN A DIOS

"La Mezquita de Córdoba."

2. EL ISLAM O SUMISIÓN A DIOS

2.1 Orígenes del Islam

Oficialmente se origina con la huida de Mahoma de la ciudad de comerciantes de la Meca a la pequeña ciudad de Medina, en el año 622, llamándose a esta migración Hégira.

Mahoma, perteneciente a una familia de clase alta, pero sin muchos recursos, se casa con una rica viuda que le dobla en edad, lo cual le permite dedicarse a sus grandes pasiones: el viajar, el aprender, el leer, el escribir…

Ese largo aprendizaje cultural, para comprender los males que afectan a su amada tierra, Arabia y el mundo en general, le iluminan, según los musulmanes por Ala, para dar la respuesta y solucionar ese caos que representa los Siglos VI y VII.

Este Siglo VII, que conocemos en Europa como el Inicio de la Edad Media, más bien debería llamarse Edad de las Sombras.

2. EL ISLAM O SUMISIÓN A DIOS

2.2 Porque Surgió el Islam

Arabia superpoblada...

Arabia superpoblada, con numerosas ciudades comerciales, que habían vivido durante siglos de ser intermediario entre el Comercio de Oriente y el Comercio del extinto Imperio Romano, ya carece de los recursos en plata y oro para comprar alimentos para su población, que fallecen por miles del hambre, falta de higiene, mientras una elite cada vez más reducidas, monopolizan todas sus riquezas.

Tribus nómadas que colaboraban antaño en las amplias caravanas, como camelleros o escoltas, ya sin ingresos estables, sin alimentos que debían comprar en lejanos países, puesto que el Desierto solo es generoso en arena, sol y muerto, se dedican al saqueo de las escasas caravanas que aún perduran, o a matarse entre ellas, por unos kilos de trigo.

En conclusión, superpoblación, escasez de alimentos, escasez de empleo, violencia generalizada, es el ambiente ideal para grandes cambios…

2. EL ISLAM O SUMISIÓN A DIOS

2.3 Porque Se expandió. Factores Sociales

Una religión que unifica el caos de principios del Siglo VI, cuando la desesperanza y la pobreza abarcaban a la mayor parte de la población de Arabia.

Una Religión que Simplifica, el caos de la Religión Cristiana, demasiado elitista e incompresible para la mayor parte de la población, por su compleja teología.

Una Religión Proselitista, o que trata de convertir a todos, en cambio la Religión Hebrea es cerrada, siendo casi imposible pertenecer a ella, solo el ser hijo de una mujer judía te lo permite.

Una Religión que Premia en Vida, con riquezas materiales o familiares, cohesionando la sociedad.

Una Religión que Permite que cualquiera se convierta en líder espiritual (sacerdote o ulema), a la vez que mantiene su núcleo familiar y económico.

Una Religión que escribe sus hechos en un Libro, pero compresible para todos.

2. EL ISLAM O SUMISIÓN A DIOS

2.4 Porque Se expandió. Factores Políticos

La Iconoclastia o la Guerra Civil entre Cristianos, pues numerosos eran los Obispados, el de Roma, el de Constantinopla, el de Alejandría, este ultimo el más antiguo e influyente en todo Oriente y el Magreb.

La Iconoclastia o la Guerra Civil entre Cristianos, pues numerosos eran los Obispados, el de Roma, el de Constantinopla, el de Alejandría, este ultimo el más antiguo e influyente en todo Oriente y el Magreb.

Roma como capital religiosa y política de la Europa Occidental, Constantinopla como capital religiosa y política de la Europa Oriente, y Alejandría como capital religiosa en todo Oriente y el Magreb, pero sometida políticamente a Occidente, que trata de imponer con sangre y fuego su visión del cristianismo a esa Alejandría.

Esa Alejandría que se niega a reconocer las imágenes de personas o Iconoclastia, como parte del Cristianismo primigenio, esa Alejandría, que mantiene una verdad más pura con respecto al cristianismo, es sometida una y otra vez a la tiranía de los herederos del Imperio Romano.

2. EL ISLAM O SUMISIÓN A DIOS

2.5 Porque Se expandió. La Explosión

Una Arabia unificada, por un nuevo profeta, con una Religión mas desecada a sus tiempos, conquista fácilmente este Oriente y Magreb, puesto que los cristianos de estas amplias zonas tienen más en común con el Islam, que con ese Cristianismo elitista europeo, y de paso, se ahorran esos abusivos impuesto que les exigen desde las lejanas Roma y Constantinopla.

Un líder religioso, el Califa, descendiente de Mahoma, es su líder político unificador, puesto que NO existe una separación entre religión y política, el concepto occidental de "Lo de Dios para Dios, y lo del Cesar para Cesar", es solo un concepto occidental, incompatible con el Islam y el buen musulmán.

Primero la familia de los Omeyas, a posteriori las de los Abiisies, son los nuevos Califas del mundo islámico.

Desaparecidos estos, reinos minúsculos o Taifas, gobernados por señores de la guerra, aparecen y desparecen periódicamente, pero sin legitimidad religiosa o política.

Nuevos Califatos surgen, pero de duración limitada, los Almorávides o Almohades en el Magreb, o el Imperio Otomano en Oriente y los Balcanes que perduro cinco siglos, y actualmente incipientes Califatos como el de Siria e Irak, que simplemente se limita a copiar el Califato de los Nazaríes o Asesinos de los Siglo X al XIII, la implantación del Islam por la violencia extrema.

2. EL ISLAM O SUMISIÓN A DIOS

2.6 Porque Se sigue Expandiendo

En pleno Siglo XXI, los problemas originales de los Siglos VI y VII se repiten, Unas Elites acaparan las riquezas dejando al resto de la población en la pobreza, un Mundo Occidental acaparan las riquezas y tratan de imponer una visión corrupta del mundo (ateísmo, promiscuidad, carpem diem, etc).

La sencillez del Islam, fuera de grandes discusiones filosóficas occidentalitas, con un método de aprendizaje muy eficaz, la Repetición: Rezar Cinco veces al día, Repetir mil veces las mismas frases slogan en cada rezo, Ayunar cuarenta veces seguridad o el Ramadán, leerse Mil veces el Corán, hasta que se aprende letra por letra, y podemos dictarlo de memoria, es otro de sus pilares, para que cada vez se impongan a otros religiones o en países ateos (laicos según concepto occidental).

Debemos recordar que todo buen musulmán, tiene una serie de obligaciones, ayudar al pobre o la limosna, formar una Familia, convertir a los miembros de otras religiones al Islam.

También dejo claro Mahoma, que los Ateos y otras gentes sin valores o moral, jamás serán buenos creyentes, por lo cual, algunos interpretan, que el uso de la violencia contra ellos, estas justificada.

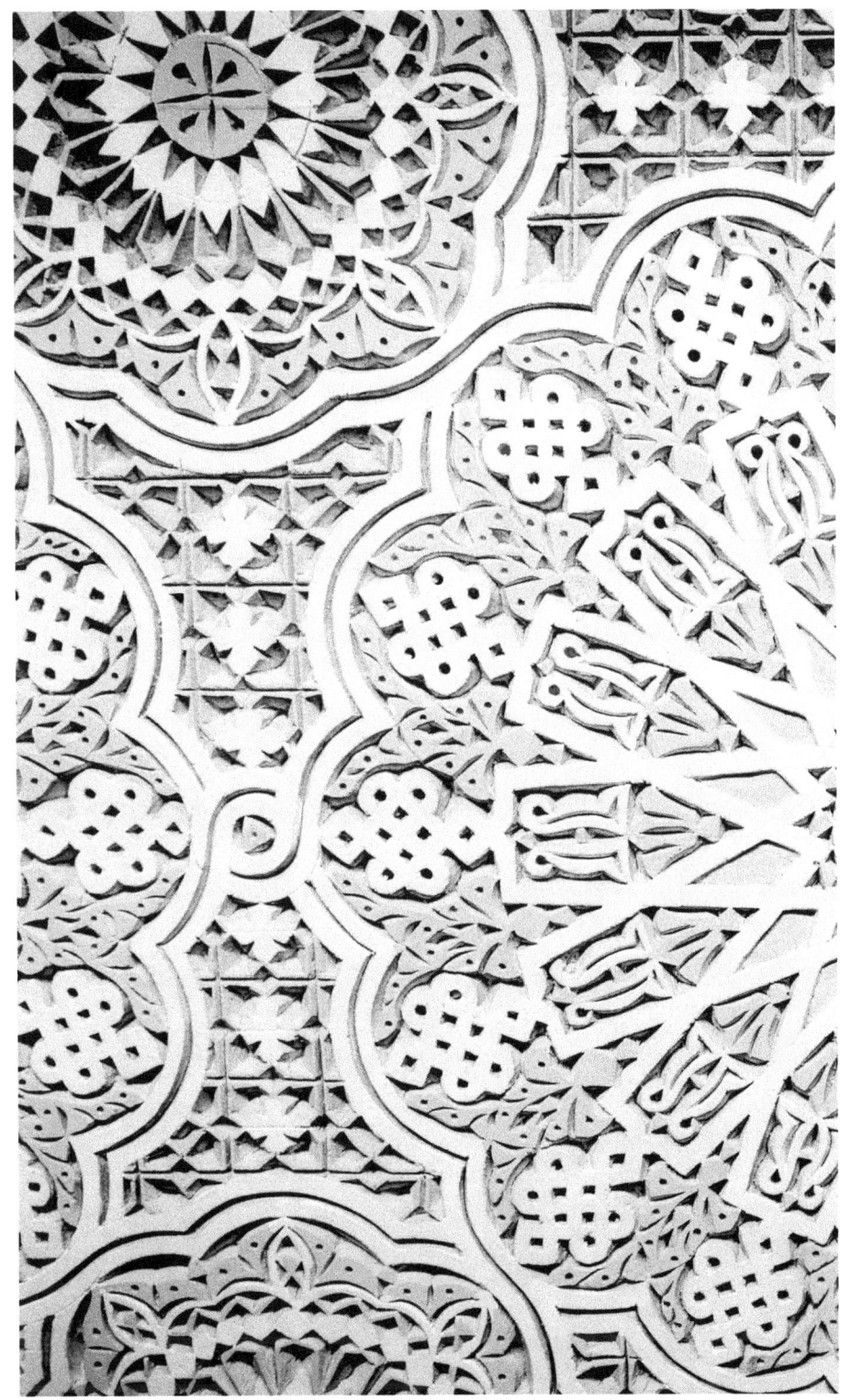

EL ISLAM Y EL ARTE

"La Mezquita de Córdoba."

3. EL ISLAM Y EL ARTE

3.1 Islam es Arquitectura

El Islam, como el Cristianismo primitivo, prohíbe expresamente la representación de seres vivos, de personas, solo recordar la actitud de Jesucristo en el Templo, cuando expulsa violentamente a los mercaderes.

Por ello, la Escultura o Pintura, desparecen de su Arte, existiendo otras alternativas, como el Baile para alcanzar el éxtasis con Dios o Derviches, pero ya en siglos mas tardíos, estrictos ulemas lo prohibieron, por incitar a la desidia o la lujuria.

Es la Arquitectura donde se representa la grandiosidad del Islam, pero entendiendo que lo único eterno es Ala, por ello sus construcciones, a nivel arquitectónico emplea materiales de baja calidad (ladrillos de barro), edificas de una sala planta, decorándolos con exquisitez para ocultar esta fragilidad constructiva y de paso, engrandecer la belleza de las palabras del Profeta y su sometimiento a Ala.

3. EL ISLAM Y EL ARTE

3.1 Islam es Arquitectura

El Islam, como el Cristianismo primitivo, prohíbe expresamente la representación de seres vivos, de personas, solo recordar la actitud de Jesucristo en el Templo, cuando expulsa violentamente a los mercaderes.

Por ello, la Escultura o Pintura, desparecen de su Arte, existiendo otras alternativas, como el Baile para alcanzar el éxtasis con Dios o Derviches, pero ya en siglos mas tardíos, estrictos ulemas lo prohibieron, por incitar a la desidia o la lujuria.

Es la Arquitectura donde se representa la grandiosidad del Islam, pero entendiendo que lo único eterno es Ala, por ello sus construcciones, a nivel arquitectónico emplea materiales de baja calidad (ladrillos de barro), edificas de una sala planta, decorándolos con exquisitez para ocultar esta fragilidad constructiva y de paso, engrandecer la belleza de las palabras del Profeta y su sometimiento a Ala.

3. EL ISLAM Y EL ARTE

3.2 Islam es Arquitectura Religiosa y Califal

L a **Mezquita** y secundariamente la **Madraza,** son sus primeras obras arquitectónicas.

La Mezquita, un edificio de una solo planta, rectangular o en forma de T, abierto, capaz de albergar miles de creyentes para el rezo, todo unidos sin diferencias sociales, siempre mantiene una estructura básica: Un gran patio, con una fuente para las ablaciones o limpieza, una Sala de Oraciones o Haram, que suelen ser numerosas naves soportadas por frágiles columnas en arco, un muro o Gibla en dirección a la Meca, el Mihrab o un nicho que nos indica el lugar exacto donde está la Meca, y el Minarete o Alminar, donde un ulema especializado llama al rezo.

Existen diferentes mezquitas, que se escapan de estos estilos más clásico, como la octagonal, de la cual la Mezquita del Haram de La Meca es un buen referente.

La Madraza o Escuela Coránica, suele ser un edificio anexo a la mezquita, disponiendo, además de las habituales aulas, de una zona de dormitorios para los alumnos y profesores, además de patios y pequeños jardines.

El **Palacio para el Califa** o Reyes, y **Mausoleos** para su descanso eterno, son sus otras obras arquitectónicas.

La **estructura de los Palacios** Musulmanes, se basa en un Pabellón o Palacete, con un espacio abierto en su centro, con una Fuente y pequeños jardines regados, y alrededor se sitúan las diversas salas o habitaciones.

La amplitud y números de estos pabellones es variable, dependiendo del periodo histórico.

En el exterior, amplios jardines y estanques con agua fresca, con una gran plaza para actos oficiales o desfiles militares, todo ello situado dentro de una Alcazaba, con un grueso muro de ladrillos rojizos (barro con agua secados al sol, de arena rica en hierro, que les da ese característico rojo).

3. EL ISLAM Y EL ARTE

3.2 Islam es Arquitectura Religiosa y Califal

La **Arquitectura militar o Alcazaba,** se entremezcla con el Palacio, ya que su objetivo es defender a sus líderes, que son a la vez religiosos y políticos, ajunos con un pequeño Pabellón o Palacio, otros con múltiples Pabellones.

Disponen de numerosas viviendas para los soldados y sus familiares, un gran Aljibe o depósito de agua para poder resistir prolongados asedios, y un Alcázar, es decir, un pequeño castillo, mas fortificado aun, por si lograban penetrar sus defensas.

El **Mausoleo o Tumba de los Califas** o Reyes, suelen ser cuadrados, con una cúpula en la parte superior, y una zona ajardinada a su alrededor, y una cuidada decoración interior, donde abundan los motivos labrados en Oro, mármol y madera.

3. EL ISLAM Y EL ARTE

3.3 Islam y Elementos Arquitectónicos

Tres son los elementos que destacan en su construcción, utilizando como material base débiles ladrillos (barro con agua secados al sol):

El **Arco de Herradura visigodo**, mal llamado arco árabe, de orígenes iberos, pero de uso extensivo por la arquitectura religiosa y palaciega visigoda, ya casi extinta, por la destrucción sistemática a que fue sometida por los árabes y los nuevos conversos musulmanes.

Diferentes versiones aparecen a posteriori, arco de herradura apuntado o túmido en forma de ojiva o punta, arco de herradura lobulado que son varios arcos multiplicados dentro de un arco de herradura principal, el arco de herradura mixtilíneo que son una combinación de aros curvos o de herradura con líneas más rectas, arcos de herradura cortinas que son dos arcos yuxtapuestos, etc.

La **Cúpula Bizantina**, mal llamada cúpula árabe, ya que originalmente las mezquitas carecen de cúpulas, a posteriori, se empiezan a implantar, pero construidas en ladrillo y madera, de escaso peso, pero decoradas extensamente para aparecer imponentes, y no es hasta la conquista de Constantinopla, por los Otomanos, cuando empiezan a construir en piedra.

El **Alfiz**, de origen etrusco-romano, que se utiliza en Al Ándalus en el ya temprano siglo VIII, y se expande a los países musulmanes, es simplemente, una moldura o marco, que protege y embellece al arco de herradura.

A posteriori, llega hasta el suelo, aportando una belleza extra, ya que sobre él se utilizan diferentes métodos decorativos.

Adicionalmente, pequeñas columnas cilíndricas de piedra o mármol, sustentan los arcos y el techo, sin base, y en la parte superior, el capitel, son de estilo bizantino, de caras planas muy decoradas.

3. EL ISLAM Y EL ARTE

3.4 Islam es la Decoración en la Arquitectura

Esta precariedad en los materiales constructivos (ladrillo) y asumir que lo único eterno es Ala, hacen que surja una explosión en la decoración, fundamentada en:

Yeserías o Estuco, diferentes variedades de lo mismo, protegen las paredes de ladrillo, y son utilizados como base para una exquisita decoración, ya sea mediante arabescos, caligrafía árabe, o tintes de colores múltiples.

La Madera, de la cual el Cedro del Atlas era la más demandada, finamente labrada con motivos arabescos, y a posteriori recubierta de diferentes tintes de colores variados, es muy utilizada para recubrir bóvedas, arcos y paredes.

Los Azulejos, ya utilizados en la Persia de los Aquemidas, que lo aprendieron de los Asirios o quizás antes, es una pieza de cerámica o barro, con una de sus caras vidriada, aplicando un barniz que al cocerlo deja ese brillo característico, pero fue en Al Ándalus donde alcanzo su mayor esplendor, con sus formas geométricas propias, se volvió a expandir al mundo árabe.

Suelen ser utilizados en las paredes, más cercanas al suelo, una costumbre que aun se mantiene en muchas casas andaluzas.

Al no poder representar seres vivos, y en particular personas, los motivos aplicados son:

Figuras Vegetales o Arabescos, que son motivos basados en hojas de palmeras, granados, piña, de forma estilizada, que se mezclan y superponen, de forma ordenada, hasta ocupar toda la superficie, representando diferentes figuras geométricas.

Caligrafía, árabe cursiva, normalmente con frases del profeta Mahoma, en otras ocasiones proverbios, ya que en la cultura musulmana la palabra escrita, ya sea en forma de Libro o en las paredes, tienen el máximo respeto, siendo inclusive sagrada según el concepto occidental, por ello, el insulto escrito hacia el Islam, es algo que un musulmán nunca perdonara.

3. EL ISLAM Y EL ARTE

3.5 Islam y Estilos Arquitectónicos

Cuatro son los estilos arquitectónicos: **Califal, Taifal, Almorávide-Almohade y Nazarí,** acompañados de estilos regionales con una identidad propia, ya sea el **Mudéjar** español, la Otomana, la Tumurida, la Mogul o la Afro islámica.

3.5.1 El Estilo Califal, destaca por dos grandes obras.

E stilo Califal.

La Meca, con su Mezquita del Haram, de origen Omeya y liego ampliada por los Abasíes, reformada en el Siglo XX, para dar cabida a más de un millón de personas pero su acceso es imposible para los no creyentes.

Córdoba, con su Mezquita Catedral o Catedral de la Asunción de Nuestra Señora, construida sobre una previa Basílica cristiana visigoda, mandada construir por el primer emir Omeya de Al Ándalus, Abderramán I, el único superviviente de la matanza cometida por Abasíes a su familia.

Construida con columnas de origen romano y visigodo, imitando a un palmeral, recordando a los extensos palmerales de su Damasco natal.

Fue ya el proclamado Califa Abderramán III, quien construye un nuevo minarete, que aún perdura dentro del campanario, pero es su sucesor Alhakén y el tirano Almanzor quienes les da su esplendor definitivo, ampliándola, añadiendo cúpulas bizantinas y puertas en arco de herradura, bellamente decoradas, en Oro, Estuco, Arabescos, etc.

Con la conquista de la ciudad por las tropas cristianas de Fernando III de Castilla, se transforma en catedral, respetando la mayor parte de su arquitectura de estilo califal, y ocultando el resto a las miradas de los cristianos as rígidos.

Descubrirla solo merecería un extenso libro, no está brece introducción, y solo recordar que está abierta a su visita a cualquier persona, sin incorporar sus creencias, sexo o color.

Existía otra gran mezquita, que era digna de incluir en este listado, la **Mezquita de al-Mutawakkil de Samara** en Irak, pero fue destruida parcialmente tras la conquista mongola, y la Guerra Civil en Irak, ha rematado el fin de esta obra cumbre del estilo califal abasíes.

3. EL ISLAM Y EL ARTE

3.5.1 El Estilo Califal, destaca por dos grandes obras.

Con respecto a los **Grandes Palacios de estilo Califal,** los de origen Omeya en Damasco, hace tiempo que se extinguieron, y los de la dinastía Abasíes en Samara, corrieron el mismo destino, y el tercero de ellos, el de los Omeyas andalusíes:

Medina Azahara, el último de los grandes palacios califales, terminado de construir por Almanzor en la Córdoba Imperial, aun se puede visitar, aunque sus restos solo nos dan una visión limitada de su pasado esplendor.

Una **autentica Ciudad Palacio,** con tres partes bien diferenciadas, que ocupaba un millón de metros cuadrados, entre las cuales destaca el Palacio o residencia de los Califas y/o Almanzor, la mejor conservada o Ciudad Oficial con los palacetes de los Visires o Ministros, de la Guardia Imperial, edificas Administrativos con sus amplios jardines, y la tercera ciudad, la de las viviendas de los comunes (soldados, artesanos, funcionarios).

Todo ello separados por murallas defensivas, y como nexo de unión, la Mezquita Aljama, pero describirlo todo en breves palabras no es posible, así que, viajar a Córdoba es imprescindible si deseamos saber que es el Arte musulmán califal.

3. EL ISLAM Y EL ARTE

3.5.2 El Estilo Taifal, propio de Al Ándalus

E stilo **Taifal**.

El Estilo Taifal, propio de Al Ándalus, se extendió por el resto del mundo árabe, y destacan por dos tipos arquitectónicos, **el Palacio Fortaleza y la Alcazaba militar.**

Dos ejemplos representan del **Palacio Fortaleza Taifal**, uno en la lejana **Jordania y otro en España.**

Palacio de Msatta, en Jordania, el primero en ser construido, como residencia de invierno de los Omeyas, con el típico muro de ladrillos rojizos, con un mínimo de 25 torreones defensivos, una pequeña zona palaciega con unos amplios jardines, la omnipresente mezquita, bóvedas arqueadas, pero solo encontremos ruinas mal conservadas si nos decidimos a visitarla.

Palacio Fortaleza de la Aljafería, perfectamente conservado, situado en Zaragoza, del Siglo XI y Patrimonio de la Humanidad, en su aparte más antigua, la Torre del Trovador del Siglo IX, es su primer baluarte defensivo, con los omnipresentes arcos de herradura, caligrafía mudéjar.

Construido de forma cuadrada irregular, con altos torreones defensivo, en cuya parte central se encuentra las residencia reales, rodeadas de unos hermoso jardines, fuentes y un gran aljibe, y una mezquita para uso exclusivo de los reyes taifales, todo ellos nos recuerda a las fortalezas palacios del lejano desierto de Oriente Medio.

Con su conquista por los cristianos, se construye una Iglesia de estilo gotico-mudejar, se amplía la zona palaciega con habitaciones de estilo mudéjar, y como residencia temporal de los Reyes Católicos, se amplía la decoración con motivos que nos recordaran a ese nuevo estilo llamado Renacimiento.

El mismo dilema, describir algo en diez líneas, cuando se necesitarían cien páginas como mero resumen, por ello, mejor viajará a disfrutarlo…

3. EL ISLAM Y EL ARTE

3.5.2 El Estilo Taifal, propio de Al Ándalus

Las **Guerras continuas son típicas** de este periodo, donde docenas de reyezuelos hacen que su pueblo malvivía y sangre por ellos, y fiel reflejo de ello, son las Alcazabas, fortalezas militares que protegían las ciudades del asedio enemigo, muchas fueron construidas, pero solo una destacada entre ellas, por su conservación, calidad en los materiales y tamaño.

La Alcazaba de Málaga, construida en las laderas del Gibralfaro, con su imponente Castillo de origen romano, pero ampliado como reserva de tropas, en caso de que la Alcazaba fuera atacada o fuera conquistada.

Con sus más de quince mil metros, que ponía mantener a una guarnición de diez mil soldados, similar en tamaño al Crac de los Caballeros, esa olvidada fortaleza que construyeron los cruzados, que resistió el asedio de Saladino, y aun en pleno Siglo XXI es utilizado como base militar inexpugnable.

Dilema es su origen, algunos dicen que lo construyo el Rey de la dinastía Ziri, Habús, saqueando el Teatro Romano que se encuentra a escasos metros, otros, que era de origen romano, siendo ampliado por dicho rey, todo esto referido al Siglo X.

Almorávides, Almohades y Nazaríes granadinos lo amplían, resintiendo el asedio de los Reyes Católicos durante meses, en el año 1487 y como castigo, se extermina a toda la población masculina, y a los niños y mujeres son vendidos como esclavos, para financiar el ataque a la Granada nazarí, y la ciudad es repoblada por cristianos, de la cual descienden todos los malagueños actuales, por mucho, que incultos actuales malagueños, hablen de la sangre árabe que corre por su venas.

Un parte exterior, con una triple muralla defensiva, numerosos torreones, estrechas puertas que recorren amplios pasadizo para que sea más difícil su acceso, destacan en esta parte de la construcción.

Numerosas puertas, como las de la Columnas o del Arco y bóvedas deberemos atravesar, pasando por la Plaza de Armas, donde una incipiente artillería defendían el Puerto de los buques enemigos, para llegar a los Palacios Taifal y Nazarí.

En la parte superior, se encuentra los Cuartos Granada, de claro estilo

3.5.2 El Estilo Taifal, propio de Al Ándalus

nazarí, con sus arcos de herradura decorados, su alberga y fuentes, pequeños jardines, donde residían los gobernadores o caíd musulmanes.

También están las habitaciones de estilo Taifal, mas sobrias, pero hermosas a la vez.

Un típico barrio de viviendas, donde residían las soldados, forma parte de su diseño, en la parte superior de la Alcazaba.

Mi amiga Narda, gran conocedora de la Alcazaba malagueña, hará de guía en esta visita a ese pasado andalusí malagueño.

3.5.3 El Estilo Almorávide y Almohade

E stilo **Almorávide y Almohade.**

El Estilo **Almorávide y Almohade,** el primero ya desparecido, aunque algunos pequeños detalles podremos encontrar **en Marrakech,** capital del Imperio Almorávide, **La Cúpula Almorávide o Qubba Barudiyne,** una verdadero obra de arte (en mi nuevo libro, Un Viaje Gastronómico por el Magreb, obtendréis mas información), o la **Mezquita de Tremacen,** en Argelia, pero poco mas queda de ello, siendo destruido su patrimonio arquitectónico, por otro Imperio, más intolerantes.

El Estilo Almohade, destaca por la utilización de los **mocárabes** (prismas yuxtapuestos, que son como estalactitas, que caen de las bóvedas, que luego copiaron el estilo nazarí y mudéjar).

En la decoración destacan por su sobriedad, haciendo escasos uso del estuco, maderas policromadas, etc.

En lo arquitectónico, imitan las mezquitas almorávides, pero impresionan con sus minaretes o alminares, desde el cual los ulemas llaman al rezo, la mayor es la Kutubía de Marrakech, con 69 metros de altura, sus azulejos verdes o sus bolas de Oro puro.

La de Rabat, está incompleta, pero aun impresiona los cientos de columnas de mármol, ese esqueleto incompleto de la que a ser la mayor mezquita del mundo.

O la de Sevilla, **la Giralda,** reciclada a campanario de esa Catedral, que incorpora medias docenas de estilos arquitectónicos.

Dos capitales imperiales debemos visitar si deseamos aprender del **Arte Almohades, Marrakech y Sevilla.**

3.5.3 El Estilo Almorávide y Almohade

En Marrakech, además de la Kutubía, la **Puerta Bab Agnaou** con bonita decoración, con motivos florales y arcos de herradura, el Estanque de Menera de 30.000 metros cuadrados rodeado de un inmensos olivar, o los Jardines de Agdal destacan entre ellos, y si vamos a la otra ciudad almohade, Rabat, e encontraremos la Kasbah de los Oudayas con su destacable Puerta de Bab el Kebir, mas emparentado con el Arte Militar que es la Alcazaba.

En Sevilla, además de la Giralda, aun perdura la **Torre del Oro**, siendo dodecágonal (doce lados) en su base, que formaba parte de las murallas defensivas de la ciudad, que debieron ser impresionantes, además de diversas Alcazabas militares como la de Badajoz que aún conserva uno de sus Torreones defensivos.

Lo que es único, un Palacio con trazas Almohades, ya que su austeridad, pues preferían la militar a lo civil, es el **Real Alcázar de Sevilla**.

El Real Alcázar de Sevilla fusiona los estilos califales y almohades, con el gótico y el renacentista europeo, con el gran desconocido, una arte propio español, el arte mudéjar.

En los Jardines del Real Alcázar, encontremos **el Jardín andalusí** entre las características propias del Renacimiento, fundiendo confundirse con ese Paraíso prometido a los mártires musulmanes.

Otro dilema, uno de tantos, pues describir una de las obras cumbres del arte andalusí, almohade, mudéjar y renacentistas como es el Real Alcázar de Sevilla, es imposible en breves palabras, por lo cual, lo dejaremos para una visita a Sevilla.

3.5.4 El Estilo Nazarí

E stilo **Nazarí.**

El Estilo Nazarí, objetivo de esta breve introducción, la detallamos en un capitulo exclusivo, pero debemos recordar, que además de a **Alhambra,** a posteriori, de mano de la dinastía Saaides, se construyo el **Palacio de El Badi,** estilo nazarí rebosante, y para imaginarnos su tamaño, con una pequeña parte saqueada de esa inmensidad fue construida toda una Ciudad Imperial, la de Meknes.

3.5.5 El Estilo Mudéjar

E stilo **Mudéjar**

El Estilo Mudéjar, algo propio exclusivo de España, se desarrolla en la España Cristiana de mano de súbditos musulmanes, quizás debería ser llamada Arte Español, pero al ser desconocidos por terceros, y confundido por muchos incultos con otros estilos (califal, nazarí, gótico, renacentista), le dedicamos un capitulo exclusivo.

3. EL ISLAM Y EL ARTE

3.5.6 Otros Estilos del mundo Islámico

E stilos **del mundo Islámico.**

Otros Estilos del mundo islámico, es el **Mogul o Islámico de la India,** destacando ese Mausoleo Musulmán llamado **Taj Mahal,** o el Timúrida, con su Gur-e Amir o Mausoleo de Tamerlan en Samarcanda, con un inmenso bloque de jade verde que protege su Tumba, o **el Otomano,** con su **M**ezquita de **Süleymaniya,** y el más desconocido, el Afro Islámico, identificado por la **Mezquita de Djingareyber de Tombuctú,** del año 1327, obra del genial arquitecto andalusí Abu Haq Es Saheli.

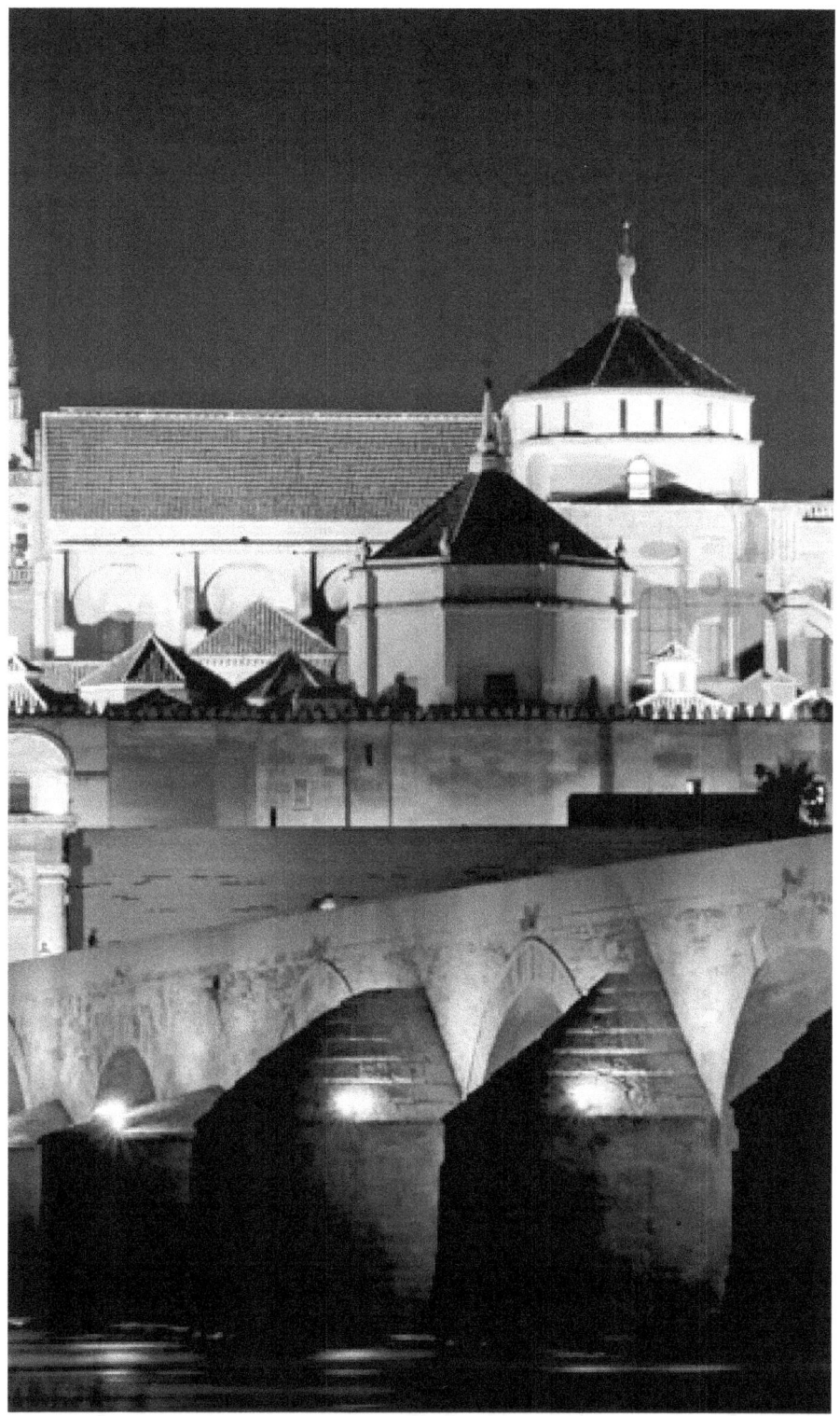

CORDOBA CALIFAL

"La Mezquita de Córdoba."

4. CORDOBA CALIFAL

4.1.1 Córdoba Prehistórica

Nombre de orígenes inciertos, algunos la asocian a la palabra **fenicia Kart-Juba** o la "ciudad de Juba" o quizás "ciudad grande", pero es una de las muchas teorías, lo que si está claro, que los romanos la latinizaron, denominándola ya Córdoba.

⇨ **Córdoba Calcolítico** o Edad del Cobre. Hace 5.000 años.

Situada en la **Colina de los Quemados,** en el actual Parque Cruz Conde, un conjunto de pequeñas viviendas, circulares, imitando a los castros iberos.

Con una economía basada en el pastoreo de cabras y ovejas, y pequeñas granjas agrícolas en sus proximidades con una limitada artesanía en barro, como fuentes o platos, todo ello mal labrados, y con un objetivo práctico, para su uso diario.

4. CORDOBA CALIFAL

4.1.2 Córdoba Prehistórica

C órdoba Tartessicas o 3.000 años atrás.

Situada en la Colina de los Quemados, en el actual Parque Cruz Conde, ya es una ciudad, que llega a alcanzar en su mayor esplendor, una superficie de unas 500.000. metros cuadrados, surgiendo viviendas de planta cuadrada, de clara influencia oriental o fenicia, ya es una autentica ciudad, con largas calles, y trazas de un complejo urbanismo.

Su economía se expande, como ciudad comercial o intermedia, entre las prosperas **minas de Sierra Morena** (hierro, cobre, plata) y la mítica Tartesos, que fluye por el Rio Guadalquivir o Betis.

La agricultura también se expande, surgen extensas plantaciones olivos, importados desde la lejana Fenica o Líbano, el trigo y la cebada, tanto para el consumo de su amplia población, o con destino a esa mega urbe llamada Tartesos o Tarsis según la Biblia.

La cerámica, ya no es solo para uso domestico, sino también ornamental, finamente labrada, a veces barnizada en color negro, algo especifico asociado a este periodo de esplendor andaluz tartesico.

4. CORDOBA CALIFAL

4.1.3 Córdoba Prehistórica

L a Mítica Tartessos o Tarsis Bíblica.

Pocos datos comprobados tenemos de este periodo glorioso, que se supone que nace en el Bronce tardío, en el año 1.000 a.c, por arte de magia, y la Edad del Hierro, en el año 500 a.c, desapareciendo de la historia con la misma velocidad, y dejando millones de incógnitas aun sin responder.

Considerada **la primera gran civilización de Occidente,** admirada por todos, desde los Fenicios, hasta en la lejana Babilonia, fueron los grandes metalúrgicos, sus espadas finamente labradas, que algunos expertos se atreven a asegurar que más que de hierro, eran ya de acero, permitió a otros grandes imperios, nacer y conquistar medio mundo, conocida como Asiria.

De las minas de Almadén, en Huelva, aun explotada, o de Sierra Morena, extraían la materia prima, con destino a esa mega urbe, donde cientos, o quizás miles de expertas manos los convertían en eficaces armas de guerra o en maravillosas joyas con destino a príncipes y reyes, de allende los mares, siempre de las manos, de esos avispados comerciantes fenicios.

Restos territoriales de esta extinta civilización, las encontramos inclusive en Portugal y Extremadura, aunque su núcleo central se debió situar en algún lugar de la provincia de Huelva.

El pastoreo primigenio se transforma en prosperas fincas de olivos, trigo, cebada, para cubrir las necesidades básicas de este boom demográfico y urbanístico, y una artesanía con destino a consumo local, en barro, ya no solo es práctica, sino también bella, con ese barniz negro exclusivo de Tartessos, que tantos pueblos copiaron, aunque cual es la original y cual la copia, Creta o Tarsis, es un debate aun no resuelto...

Un gran maremoto quizás, o más bien, las **causas habituales en al extinción** de todas las grandes civilizaciones, **una crisis económica** provocada por una larga sequia que destruye cosechas, **unas elites que acaparan** todas las ri

4. CORDOBA CALIFAL

4.1.3 Córdoba Prehistórica

quezas, unas **clases medias que adoptan ese estilo de vida** "carpem diem" de las elites, la **corrupción administrativa,** y la pérdida de algunos de sus mercados claves (caída del Imperio Asirio) e invasiones de pueblos barbaros (emigración de otras culturas menos desarrolladas y pobres hacia los países mas prosperos y tolerantes), etc.

Algo cíclico, que vuelve a repetirse cada varios siglos, fiel reflejo de ello, es este principio de Siglo XXI, solo **es cambiar nombres y lugares,** y otra vez mas la HISTORIA se repite…

4. CORDOBA CALIFAL

4.1.4 Córdoba Prehistórica

C órdoba Iberica o Turdetana.

En el Siglo V, o más bien Siglo IV, el pasado tartesico ha desaparecido, la ciudad se contrae, el comercio casi desparece, aunque la agricultura permanece, y la artesanía vuelve a tener un objetivo práctico, aunque con trazas decorativas de un pasado no tan lejano.

Numeroso son los castros o pequeñas ciudades fortificadas, independientes, cada uno con su reyezuelo, que se distribuyen por toda la provincia, siendo el de Córdoba uno de los más importantes, todo ellos habitados por los iberos Turdetanos, una de las cientos de tribus que surgen en esta Iberia en retroceso, que controlan de manera débil y caótica los antiguos territorios tartesicos.

Cartagineses, establecen un limitado comercio con estos reyezuelos o barones territoriales, pero sus beneficios son limitados, y Amílcar Barca, sobre el año 250 a.c, desembarca con un pequeño ejército en Gadir o Cádiz, reclutando miles de mercenarios de iberos, acostumbrados a las luchas fratricida o guerras civiles, avanzando por el Rio Guadalquivir hasta Sierra Morena, donde se hace con el control de las ya casi abandonas minas de plata, hierro y cobre.

Buenos generales son malos administradores, salvo honrosas excepciones, entre ellos podemos destacar Julio Cesar o algún español que está prohibido nombrar porque es políticamente incorrecto.

Uno de esos malos administradores, es Amílcar Barca, que aparte de conquistar y saquear, no logra crear unas estructuras urbanas o legales, que le permitan una continuidad en la Península Ibérica, de lo cual se aprovechan estos **nuevos dueños del mundo**, el Imperio Romano.

⇨   Descubriendo la **Colina de los Quemados** en el Parque Cruz Conde o el **Museo Arqueológico de Córdoba** (09.00 a 15.00, Free)

4. CORDOBA CALIFAL

4.2.1 Córdoba Romana

Qué contar que ya desconocemos del Imperio Romano?

Prácticamente nada, solo recordar que los **Cartaginés fueron derrotados** en el año 206 a.c en la Batalla Ilipa (Alcalá la Real, Sevilla) por las Legiones romanas al mando de Escipión el Africano, tras ella ya no quedaron fuerzas dignas de tal nombre que se opusieran a la ocupación, puesto que los **cientos de reyezuelos iberos**, preferían **matarse entre ellos o pactar con los romanos**, con tal se quedarse con los despojos de las otras hermanas ciudades iberas, esa **eterna tendencia fratricida tan típica** del pueblo español.

⇨ Como es posible que el **poderoso ejercito cartaginés** de más de 50.000 soldados, modernamente armados, de soldados profesionales o mercenarios, fueran derrotados por ese **pequeño ejércto de soldados romanos**, peor armados, formados por ciudadanos no profesionales?

Solo es recordar la historia, muchos por su mala memoria, no asumen, que quizá **una batalla la gana la tecnología** o la cantidad, pero **las guerras siempre las gana** la "voluntad", **los valores o creencias**, sino como fuera sido posible que él unos docenas de miles de afganos armados con fusiles de la II Guerra Mundial vencieran a la poderosa URSS, con sus millones de soldados, o que un millón de Vietnamitas que luchaban con fusiles y ametralladoras, derrotaran a más de un millón de Estadunidenses armados hasta los dientes, con miles de aviones y tanques.

Casos son numerosos, cuando 10,000 vándalos conquistaron la Hispania Romana, a media docena de legiones de una Roma decadente, o 7.000 musulmanes ligeramente armados, a varios docenas de miles de caballeros visigodos, así hasta el infinito…

En este Siglo XXI, convulso y caótico, es necesario recordar, que las Civilizaciones desaparecen rápidamente, cuando su poder se basa solo en la Tecnología y en el Carpem Diem, olvidando que el verdadero poder son las creencias, el esfuerzo, el sacrificio común…

4. CORDOBA CALIFAL

4.2.2 Córdoba Romana

Campamento Militar Córdoba.

Ya en el 200 a.c se establece un campamento militar romano en las cercanías de la Córdoba ibera, que se convierte en un guarnición permanente, con una Cohorte al mando de un viejo centurión, pocos datos tenemos de esta época, ya que la ciudad romana como tal borra el pasado militar.

4. CORDOBA CALIFAL

4.2.3 Córdoba Romana

Fundación Córdoba Romana elitista.

En el año 150 a.c. aproximadamente, el Cónsul Marco Claudio Marcelo, construye una nueva ciudad, a unos 750 metros de la ciudad original ibera, para residencia de los nuevos amos romanos y de las elites Turdetanas, una dípolis o doble ciudad indígena-romano, obteniendo el titulo de Colonia Patricia de Córdoba o Claudio Marcelo, abarcando una extensión estimada de 30 hectáreas.

Se construyo un primer foro, con materiales similares a la ciudad Turdetana, hoy ya desparecido, y una primera muralla defensiva, algo poco habitual, que nos habla de la intrepidez de Viriato, ese líder ibero que lucho durante décadas contra la invasión extranjera, pero la traición de algunos nobles iberos colaboracionistas, provoco su muerte, fracasando si intento en el año 143 a.c. de conquistar Córdoba.

Algunos restos de la muralla original podemos aun ver, aunque ha sido reconstruidas numerosas veces, tanto en el periodo agustino, por los visigodos, en la época califal andalusí o el época yihadista almohade...

Julio Cesar, visitante habitual de Córdoba, en la primera ocasión como gobernador local y a posteriori como general victorioso para derrotar a sus rivales Pompeyanos, que la controlan y le dan el titulo de Colonia Romana, con sus privilegios, la primera ciudad de Hispania en alcanzarlo.

Gran general este Julio Cesar, pero con escasa piedad, conquista la ciudad fácilmente, exterminado a la mitad de su población, mujeres y niños incluidos, arrasándola en su mayor parte, dejándonos a cambio el mito del "platanus":

Sembró en su primera visita a Córdoba un gran platanero, el primero visto por estos lares, que perduro por siglos en algún lugar ya no datado, que en pleno siglo XX, una copia fue instalada en el Real Alcázar, con una placa en latín, para que los turistas poco informados, crean que ahí se sentaba el gran Julio, a planificar la conquista de Roma.

4. CORDOBA CALIFAL

4.2.4 Córdoba Romana

Colonia Patricia Augustea Córdoba

Larga guerra bien documentada, permite a Augusto ser nombrado Emperador, y como precio a su lealtad, Córdoba es vuelta a nombrada capital de la Bética, y engrandecida hasta el infinito, alcanzando su mayor esplendor en esta época.

⇨ La **Gran Vía Augusta,** que unía Cádiz con Roma, atravesando Córdoba, es una gran obra faraónica, y el Puente Romano es lo más destacado de esa vía en esta ciudad, construido a principios del Siglo I.

⇨ Un gran Acueducto, **Aqua Augusta,** con capacidad para más de 30.000 metros cúbicos de agua al día, el mayor de los tres construidos en la ciudad, del cual algunos restos aún perduran, en el aparcamiento de la nueva estación de autobuses, o en la Avenida de Arruzafilla, lo mas increíble, es que casi veinte siglos después, aun sigue en funcionamiento, conocido como Aguas de la Fábrica de la Catedral, pues aun abastece de agua a la Mezquita de Córdoba, o las albercas del Alcázar de los Reyes Católicos…

⇨ **Templo de Claudio Marcelo** o Romano, dedicado al culto de los emperadores, financiado por el emperador Claudio, del cual aún se conservan una docena de imponentes columnas de mármol, situado en las cercanías de la Plaza de la Corredera.

⇨ El **Anfiteatro o Coliseumm de Córdoba,** uno de los tres gigantes construidos en el Imperio Romano, pero fue el Primero de ellos, con capacidad para más de 50.000 personas, siendo el mas famoso de Roma, una copia remozada del original de Córdoba, pero por desgracia, solo unos escasos restos arqueológicos, en la zona de la Universidad, específicamente junto al Rectorado, que se supone será posible ser visitado en un futuro lejano.

El tercero de estos anfiteatros, el de Cartago, también ya desapareció, pero del de Córdoba, algunas de sus columnas y piedras fueron reutilizadas en otras grandes construcciones, como la Mezquita Catedral.

4. CORDOBA CALIFAL

4.2.4 Córdoba Romana

⇨ **La Necrópolis,** o más bien, de las dos necrópolis, la más antigua o patricia, se conserva el mausoleo que está situado al lado de la Puerta de Sevilla, y de la segunda necrópolis, donde se enterraban los plebeyos, el Hipogeo situado debajo de la Diputación Provincial o los Mausoleos de la Puerta de los Gallegos, que nos recuerdan al Mausoleo de Augusto en Roma (abandonado a su suerte por la desidia de la administración italiana y la escasez de turistas, que solo se atreven a visitar las rutas oficiales de los tour operadores de turno).

⇨ Del Foro, o el Teatro o cientos de antiguos templos o palacios apenas queda nada, solo el recuerdo.

⇨ **El Puente Romano o Puente Viejo,** uno de los símbolos de Córdoba, construido a principios del Siglo I, con una longitud de 330 metros, y compuesto por 16 arcos de medio punto, apoyados en robusto pilares, utilizando como materia prima piedra caliza de Sierra Morena, material que se degrada rápidamente con la erosión de las antaño bravas aguas del Guadalquivir, y con continuos ciclos de nula conservación a grandes reconstrucciones, destaca las realizadas en la época musulmana o un mantenimiento más estable en la alta edad media por los cristianos.

En el lado de la ciudad encontramos la Puerta del Puente, en la orilla inversa, la Torre de Calahonda, y de estilo renacentista, el Triunfo de San Rafael, que nos protege en nuestro caminar sobre sus piedras cintos de veces reconstruidas.

4. CORDOBA CALIFAL

4.2.5 Córdoba Romana

Decadencia Córdoba Romana

Triste destino para esta Córdoba romana, donde las elites luchan entre ellas en todo el Imperio por unos despojos, el pueblo se conforma con pan y circo, lo que llamamos en la actualidad ayuda o desempleo económica y programas basura en la TV, mientras se degrada los valores, las construcciones, nada para recordar, todo para olvidar.

⇨ El **Palacio Imperial de Maximiano Hercúleo,** la última gran obra arquitectónica, fiel reflejo de la decadencia generalizada, construido a fines del Siglo III, para uno de los tantos emperadores de segunda, pero poco podremos ver, ya que la nueva estación de trenes destinada al AVE, lo arraso, decadencia pasada y presente.

Decimos adiós a esa Córdoba, pues ya nunca más existirá, apenas un siglo mas, las tribus barbarás del norte, escasos en número, pero numerosos en voluntad, arrasan la ciudad, pero no antes, de largo paseo por sus murallas de orígenes romanos, que trataron de defenderla del peligro...

4. CORDOBA CALIFAL

4.2.6 Córdoba Romana

Descubriendo las murallas romanas.

⇨ **La Puerta de los Gallegos o Porta Principalis Sinistra** en época romana o Bab al-Amir en época musulmana, fue destruida en el Siglo XIX, que unía por la Vía Augusta con Híspalis (Sevilla), pero si caminamos por la Calle Adarve podremos observar esas milenarias murallas mezcladas con viejas casas centenarias.

⇨ **La Torre de la Malmuerta**, construida en el Siglo XV, sobre los restos de unos Torreones defensivos musulmanes, que ampliaron las defensas de las murallas, está situada a unas docenas de metros del final de la Calle Adarves.

Es de planta octagonal, y cuenta historias de cómo que el noble Fernando Alfonso ajusticio a su esposa y a su amante, que pillo in fraganti, puesto en esos tiempos las cosas del honor se limpiaban en sangre, y a dicho caballero vengador, lo encontremos enterrado en la Capilla de San Antonio Abad de la Mezquita de Córdoba.

⇨ **La Puerta del Colodro,** de orígenes cristianos, podemos observas su restos en la Plaza del Colodro, y Torre de la Puerta del Rincón, situado en la Plaza de la Puerta del Rincón, ambas antes de llegar a la Calle Adarves, están situadas en las mismas murallas de origen romano, ya casi exterminadas.

⇨ Todo ello, enclavado en el **Barrio de la Axerquia**, asentamiento original romano, ampliamente utilizado por los musulmanes como un barrio popular, y Muro de la Misericordia, en la calle del mismo nombre, restos de la muralla almorávide reconstruidas sobre las originales.

⇨ No podemos olvidar las **Murallas del Castillo de la Judería**, de orígenes Almohades, que protegía el barrio del Alcázar Viejo o San Basilio, con algunas construcciones significativa, como la Torre de Belén, todo ello situada en la Judería.

4. CORDOBA CALIFAL

4.2.6 Córdoba Romana

⇨ Las **Murallas de la Villa o de la Calle Cairuán**, quizás las mejores conservadas, son más bien de la época Agustina, y ahí encontraremos la Puerta de Almodóvar o Puerta del Nogal, de origen árabe, una de las tres puertas que aún perduran.

⇨ **La Puerta del Puente,** la principal de la ciudad en época musulmana, aunque en sus orígenes, rematada con una estatua de Venus, la Diosa del Amor, aunque la actual es del Siglo XVI, de estilo renacentista, podemos observar las dobles columnas de estilo dórico, y a unos metros el Puente Romano de Córdoba, uno de los símbolos de la ciudad.

4. CORDOBA CALIFAL

4.3.1 Córdoba Visigoda

P rimero los Vándalos...

Primero los Vándalos, que crearon un Reino basado en el saqueo, que abarcaba la mitad Sur de la Hispania Romana, en la cual Córdoba sufrió los peores saqueos de su larga vida, hasta que donde no había más que robar, se lanzaron allende de los mares, saqueando las provincias del Norte de África, fundado su nueva capital sobre los restos de la Cartago, pero el pillaje no puede ser eterno, desapareciendo de la faz de la historia, como lo que eran unos Vándalos.

Luego los Visigodos, romanizados en parte, pero no en sus tradiciones de luchas tribales, que unificaron esa Hispania, convirtiéndolo en el Reino Visigodo de Toledo, pero aun tardaron un siglo en someter a la antigua Bética o Andalucía, donde los poderosos terratenientes hipsanoandaluces trataron de defender sus privilegios, apoyados por la nueva religión, la cristiana católica.

El más destacado Obispo cristiano en ese periodo convulso, hasta la unificación visigoda, es Osio, cordobés de pro, que llego a ser consejero de Constantino el Grande, fiel seguidor de la nueva rama catolico y feroz enemigo del cristianismo arriano.

Participo en el primer Concilio Cristiano del que hay constancia, el de Elvira o Granada, y en el que se marcaron las pautas para los próximos siglos, el de **Nicea** (antaño gran ciudad, hoy en día, un pueblo perdido en la Turquía actual), quizás por ello, **son tan católicos los españoles del Sur,** los primeros en adoptar en masa, esta versión del cristianismo.

⇨ **Recaredo I,** rey de los visigodos, **abraza el catolicismo,** abandonando el arrianismo mayoritario en la nobleza visigoda, termina por unificar el país, construyendo la gran Basílica de San Vicente en Córdoba, pero la intolerancia religiosa musulmana, lo destruyo, para construir en su lugar la Mezquita Catedral de Córdoba.

4. CORDOBA CALIFAL

4.3.1 Córdoba Visigoda

⇨ **Basílica de San Vicente en Córdoba,** uno de los mejores ejemplo del arte visigodo en otros tiempos, en el Museo de San Clemente, podemos admirar lo poco recuperado, pero si miramos más detenidamente, muchas de las cientos de **columnas de la Mezquita Catedral son visigodas,** algunas sacadas de dicha Basílica, y si levantamos la mirada, veremos cientos de arcos de herradura visigodo, definidos por muchos ignorantes, arcos árabes.

Guerras fratricidas entre la nobleza visigoda, la traición de una parte de ella ayudando a los invasores musulmanes a cambio de prebendas y títulos, hacen que el reino visigodo desaparezca de la historia y surja un nuevo Imperio, con su primera capital en Córdoba, el Al Ándalus...

4. CORDOBA CALIFAL

4.4.1 Córdoba Musulmana

C órdoba Musulmana

Repetir la Historia Oficial hasta el infinito, con tal de crear una memoria de un **pasado inexistente,** es uno de los tantos males de esta amplia tierra llamada en un pasado Iberia, luego Hispania y ahora España, para que el poder de estos **reyezuelos iberos,** grandes **terratenientes hispanos romanos,** dux visigodos o **barones territoriales** continúen en sus sagrados tronos, es algo que aburre escribir...

4. CORDOBA CALIFAL

4.4.2 Córdoba Musulmana

La Conquista de Córdoba

Oscura era la noche, una llovizna penetraba en los viejos adoquines, algún **trueno de mal presagio** retumba sobre esas nubes agüeras que no dejaban divisar la claridad de la Luna, así recuerda la anciana memoria del narrador, que ya no es capaz de decir en que día sucedió, solo con esfuerzo nos confirma que sucedió en el año 711.

Un retumbar en el Puente Viejo, como si un **millón de demonios caminaran** sobre él, luego el tronar de las Campañas de la **joven Iglesia de Santa Victoria,** llamando a arrebato, llamando a los caballeros a las armas, pero ya **no hay caballeros en esta ciudad,** están con el Rey Rodrigo, luchando contra esos traidores de Witiza y sus mercenarios del otro lado del Mediterráneo, que dicen que tienen una extraña religión, basada en la espada y la sangre.

Docenas de puertas chirrían, cientos de valientes, ya mayores algunos, muy jóvenes la mayoría, **caballeros de corazón,** pues **ya no quedan caballeros en la ciudad,** se dirigen con prontitud pero mal armados, hacia la joven Iglesia de Santa Victoria, para defender esta Córdoba de ese millón de demonios que trinan por las viejas piedras del Puente Viejo.

Gritos, Sangre y Humo, es lo que se ve en esta larga noche, pues una larga noche resisten nuestros caballeros de corazón a ese millón de extranjeros, de extrañas vestimentas, que matan en nombre de Ala, en nombre de una nueva Fe, siempre las mismas excusas para conquistar, saquear, imponer...

Amanece un nuevo día, ahora son esos extranjeros, que se hacen llamar musulmanes, los que hacen chirriar las puertas, casa por casa, en busca todo **varón mayor de siete años,** que lleve **sangre visigoda o patricia,** para derramar su inocencia y de regalo su sangre, sobre los ya húmedos adoquines de estas callejuelas de mi amada Córdoba, olor extraño esa mezcla de la sangre de los inocentes con esa llovizna ocre, que todo empapa.

Nuevos amos para esta tierra, nos da el atardecer, que en su misericordia,

4. CORDOBA CALIFAL

4.4.2 Córdoba Musulmana

según ellos, **perdona la vida a mujeres y plebeyos,** más bien **sirvientes y esclavos desean,** para su nuevo reinado.

⇨ Así es la conquista de Córdoba, por parte de los musulmanes, a ojos de un viejo narrador de ascendencia hispanoromano…

4. CORDOBA CALIFAL

4.4.3 Córdoba Musulmana

L a Primera Córdoba Musulmana.

Cinco años después de su conquista, un Emir designado por el Califa de Damasco, nombra a **Córdoba capital del Al Ándalus,** con el objetivo de ampliar las conquistas hasta mas allá de los Pirineos, llegando los veloces jinetes árabes, hasta las afueras de París, pero siendo salvada esta por un invierno atroz, que los frágiles caballos árabes no pueden soportar, retrocediendo los supervivientes a zonas mas cálidas, el Al Ándalus.

Los nuevos gobernantes árabes, implantan un **ambicioso plan de reformas,** reconstruyen el Puente Viejo, refuerzan las murallas, reparan los Acueductos romanos en desuso, pues ya imaginan la mayor ciudad sobre la tierra que llegará a alcanzar los 500.000 pobladores, mientras sus rivales como París o Roma, apenas superan los 30.000 habitantes.

Lo único permanente es Ala, y la vida es efímera, eso lo sabe todo buen musulmán, por ello, **se van destruyendo una por una las iglesias cristianas,** y sobre sus cimientos, **se van construyendo mezquitas,** utilizando las columnas romanas y visigodas de mármol o piedra como soporte, y los arcos de herradura como sustento. Las más antiguas según viejas crónicas son:

⇨ La **Mezquita de la Crucifixión o Umayya de Córdoba,** que se supone con cierta veracidad que forma parte de la **actual Mezquita Catedral de Córdoba** o la primera Mezquita Aljama o Mayor, más bien un oratorio, que debía estar situada entre la **Iglesia San Vicente y el Alcázar Real,** pues su alminar está documentado que estaba situado en las postrimerías del Alcázar Real.

4. CORDOBA CALIFAL

4.4.4 Córdoba Musulmana

El Emirato de Córdoba

Abderramán, joven príncipe Omeya, nacido en la lejana Damasco, **destinado a no reinar,** mientras su tío el Califa, mal gobierna, siendo demasiado aficionado a las mujeres y al buen vino cristiano, por lo menos eso cuentan sus enemigos abasíes.

Todos **mueren a manos de feroces cuchillos abasíes,** solo él y su adolescente hermana, protegido por un anciano criado, logran cabalgar velozmente hacia Occidente, perseguido por los peores asesinos a sueldo de la nueva dinastía Califal, aventuras y desventuras durante años, perdiendo a su amada hermana, convirtiéndose en un hombre dejando atrás a su leal criado, que más que un sirviente, es su nuevo padre.

Arribando a la tierra prometida, Al Ándalus, debatida entre la lealtad a los Omeyas o hacia los nuevos señores Abasíes, un largo periplo de traiciones, batallas y dudas, le permiten llegar a Córdoba como nuevo Emir, pero ya sin rendir pleitesía a esos Abasíes.

Reproducir su añorada Damasco, es el objetivo de este primer Omeya, cuyos sucesores desde el año 756 al 929 gobiernan con el título de Emires de Al Ándalus, forzando una conversión de los mozárabes (cristianos que vivían en territorio musulmán), hasta que se convierten en minoría.

Delicado equilibrio de poderes mozárabes, judíos, árabes, bereberes y yemeníes, provocan continuas revueltas y feroces represiones, de la cual, se llevan la peor parte los mozárabes, que siguen una guerra continua con los **pequeños reinos cristianos** que surgen, como **Barbastro en Málaga,** Sobrarbe y Ribagorza en Aragón, Asturias en el Cantábrico, o los **Condados fronterizos de los Pirineos Catalanes bajo tutela francesa,** que no impiden un desarrollo económico y cultural en el Al Ándalus.

4. CORDOBA CALIFAL

4.4.4 Córdoba Musulmana

Tres son las obras arquitectónicas que destacan:

⇨ **El Palacio de la Arruzafa o Al-Ruzafa,** residencia palaciega veraniega, construida a las faldas de Sierra Morena, en el año 756, en recuerdo de su infancia pasada en Damasco, con unos amplios Jardines a la sombra de cientos de palmeras, olivos y almendros, que en parte aún perduran, pero tanta construcción desbordada lo hará perderse en la historia, y la zona palaciega se encontraba justo debajo del Parador Nacional de Córdoba.

⇨ **El Alcázar de los Califas,** residencia militar, sede del gobierno y palacio califal permanente hasta el Siglo XIII, con una extensión de 40.000 metros cuadrados, una obra maestra del arte andalusí, solo superado siglos después por La Alhambra.

Múltiples edificaciones se construyeron sobre sus restos, el Palacio de Congresos u Hospital de San Sebastián, el Museo Diocesano, el Alcázar de los Reyes Cristianos y el Palacio Episcopal de estilo califal, que contaba además con una amplia muralla que lo protegía de miradas indiscretas.

En el interior de las murallas se encontraban una serie de edificios como palacios destinados a emires y califas, viviendas para los sirvientes y esclavos, despachos de funcionarios, una alcazaba militar con una amplia guarnición, los sacrosantos baños árabes, un cementerio real, grandes jardines, y **la mayor biblioteca de Occidente** con centenares de miles de volúmenes, fundada por el Califa Al-Hakan II.

Retazos de su pasado esplendoroso, lo podemos encontrar entre las paredes del **Palacio Episcopal y en el Patio** mozárabe del **Hospital de San Sebastián,** un torreón del Alcázar Califal.

Mejor conservados, son los **Baños Califales o Andalusíes,** del cual hablaremos en la etapa Taifal versus Almohade.

⇨ **La Mezquita Catedral de Córdoba,** comenzada su construcción en el año 785, ampliado por primera vez entre el año 833 al 852, pero dicha construcción se merece un capítulo aparte.

Fin de una época, pero principio de otra, un cambio sin traumas pero no pacífico, con ello abandonamos el Emirato de Córdoba para adentrarnos en…

4. CORDOBA CALIFAL

4.4.5 Córdoba Musulmana

La Córdoba Califal.

Abderramán III, último Emir de Al Ándalus y primer Califa de Al Ándalus, gobernador por mandato de Ala durante medio siglo, avezado **guerrero y hábil administrador,** buen **amante del vino y las mujeres,** son algunas de las características que lo describen.

Una **infancia aterradora a ojos de extraño,** venganza y conspiraciones, luchas fratricidas para hacerse con el título de Emir, caracterizaron esos años de su vida y que por casualidades del destino, recaen sobre él al quedar pocos sobrevivientes de estos genocidios habituales entre las élites de Al Ándalus.

Poco quedaba del Emirato de Al Ándalus, los señores de la guerra locales campaban a sus anchas, y sobre todo el Estado cristiano de Barbastro, en el corazón del Califato, opone una feroz resistencia a esa opresión musulmana sobre sus creencias.

Un poderoso Ejército, quizás de más de 60.000 soldados es organizado, principalmente de **mercenarios o hasham,** reclutados en todo el Magreb, cristianos renegados que la miseria les obligó a cambiar de amo, e inclusive esclavos negros del Sahel son alistados.

Esta poderosa y eficaz fuerza le permite **derrotar y exterminar a esos cristianos del Reino de Barbastro,** a los levantiscos señores de la guerra bereberes, a los ricos comerciantes árabes, y a los ejércitos cristianos en Simancas, le convierten en Señor de un Al Ándalus, que ya casi volvía a rozar los Pirineos, pero **esa fuente de poder,** que le permite auto proclamarse Califa, será el **germen de su destrucción,** un Ejército de Mercenarios, que no deben más que la **lealtad a quién les paga la soldada.**

Las razzia o saqueos continuos, los impuestos abusivos sobre los no musulmanes, hacen fluir ingentes cantidades de Oro y Plata sobre Córdoba, con la cual, además de pagar esas enormes soldadas, le permiten un gran desarrollo arquitectónico, **ampliando la Mezquita de Córdoba,** y construyendo la ciudad

4.4.5 Córdoba Musulmana

palaciega de **Medina Azahara,** obra cumbre a la cual le dedicaremos una información más amplia.

Otra de sus grandes obras, fue convertir a Córdoba, en la **Capital de la Cultura y el saber de Europa,** fundado **docenas de bibliotecas,** cientos de madrazas, una **Universidad internacional** como nunca se había visto antes en todo este continente, una Universidad de Medicina, otra de Traductores de las lenguas clásicas, etc., todo ello a disposición de las élites de Europa, África y Asia.

Demasiado tiempo de gobierno, convierte al **más Santo de los gobernantes, en una encarnación del mal,** haciendo asesinar a su propio hijo por haberle desafiado, y este hecho, es uno de los más benévolos que tuvo al final de su reinado, dando fe de ello algunas de sus numerosas esposas vilmente torturadas por cualquier insignificancia, es decir, su gobierno fue también de un terror generalizado, falleciendo en la nueva ciudad de Medina Azahara en el año 961, odiado por todos y amado por nadie.

Uno de sus hijos, escasos en sobrevivirle, **Hakam II** le sucede como Califa, que al carecer de maldad interior, **se dedica al Saber,** siendo en realidad gobernado el Al Ándalus por una triada de nuevos amos, que preferían enfrentarse entre ellos por un trozo de poder, que mantener la paz y la unidad: **Galib,** un viejo esclavo liberto, **magnífico general** a los órdenes de Abderramán III, pero pésimo gobernante a su pesar, **Yafar,** un **andalusí de orígenes humildes,** gobernante justo pero sin capacidad de tomar decisión, y la **esposa del nuevo Califa,** Aurora o Subh, antigua **esclava vasca,** con una **ambición que no era apoyada por su inteligencia,** que de manos de su **amante Almanzor,** sería la mano siniestra encargada de destruir el Califato de Al Ándalus.

Entre sus grandes logros en el saber, funda la **Biblioteca de Córdoba,** con casi 500.000 volúmenes, algo no visto desde los tiempos de la ya destruida Biblioteca de Alejandría, además abre **docenas de escuelas públicas** para que los más humildes puedan formarse, y hubieron de pasar siglos antes que tamaña hazaña se repitiera.

Tolerante con todos, permitía el uso de viejos libros de medicina procedentes de la Grecia Clásica, acepta que los filósofos y poetas escribieran con libertad, aunque sus obras fueran de dudosa calidad, y en muchas ocasiones ofensivas contra él o el Islam. Que más decir de ese gran sabio del saber que fue

4. CORDOBA CALIFAL

4.4.5 Córdoba Musulmana

Hakam II, que además volvió a **reformar la Mezquita de Córdoba** y finalizó la construcción de Medina Azahara, entre tantas otras cosas…

Entre tantos, **Aurora o Subh,** de manos de su **amante Almanzor,** van **eliminando a sus rivales,** a cualquier oposición, siendo nombrado su hijo Hisham II, como Califa títere a la muerte del ya anciano Hakam II.

Hisham II, es **malcriado sin ser formado** hasta convertirse en algo insignificante y decadente **por Almanzor con el apoyo de la madre,** Aurora o Subh, hasta el momento que ya no es más necesaria, siendo cuando en esos ciegos ojos ve la verdadera naturaleza de su antiguo amante, pero ya es demasiado tarde, **no existe ninguna oposición a este nuevo líder,** que aunque no tiene el título de Califa, es el verdadero gobernante de Al Ándalus, ya que el arca de las monedas de oro están en sus manos, y el **poderoso ejército de mercenarios solo son leales a su soldada** y a quién les proveé… en fin, es el eterno mal de los ejércitos de voluntarios extranjeros.

Hablaremos de ese **líder llamado Almanzor,** ya que los Califas de título, Hisham II y sus sucesores ya no cuentan para la historia…

Oro, Oro y más Oro le son necesarios para mantenerse en el poder, hasta el último andalusí es expulsado del Ejército que se refuerzan aún más con mercenarios, la mitad del Magreb, la otra mitad Eslavos como contrapoder, y este precio a pagar se obtiene con **las miles de razias** o campañas de saqueo que realiza contra cada uno de los reinos cristianos o ciudades andalusíes díscolas, hasta la más **mísera vasija de cobre es robada, mujeres y niños revendidos como esclavos,** no importa que **sean cristianos o musulmanes.**

Trata de justificar ese poder absoluto con la Fe, expulsa a cualquiera que tenga un saber o conomiento (filósofo, poeta, médico) y si por casualidad no eres musulmán, la muerte te espera de manos de sus verdugos, **destruye miles de libros, cierra Universidades y Escuelas,** nombra **profesores mediocres e ignorantes** en los pocos centros de cultura que aún logra sobrevivir en esta Córdoba…

La Gran Biblioteca es "purgada" por **ulemas fanáticos** en una gran pira funeraria, pocos ejemplares sobreviven a esta barbarie, solo sobreviven los que alaban al Profeta según la visión de esos intolerantes, que siempre resurgen

4.4.5 Córdoba Musulmana

como una lacra para el desarrollo del Islam.

No es tanta la diferencia **de su Reinado con el de los Yihadistas** en la Siria actual, poder absoluto, violencia, sangre e incultura, es su legado, de este Almanzor mitificado por gentes desconocedoras de su labor destructora.

Su fin es el fin del Califato, los Omeyas que sobreviven no pasan de ser una sombra decadente de sus antepasados, su hijo Abd al-Malik, trata de gobernar con sus mismos métodos, pero es un sistema ya muerto en vida, no hay suficiente Oro para pagar a sus tropas mercenarias, Al Ándalus está esquilmada, los reinos cristianos del Norte, solo les puede ofrecer acero en sus nuevas razias… **para que recordar más? decimos adiós a esta Córdoba Califal…**

4. CORDOBA CALIFAL

4.4.6 Córdoba Musulmana

L a Córdoba Almorávide, Almohade, y Taifal.

Fitna de al-Ándalus o Guerra Civil de Al Ándalus, duró unos largos veinte años, durante la cual cada señor de la guerra o jefe tribal se auto proclama Emir o Califa, todos con el objetivo de saquear Córdoba, cien veces cien, y **Medina Azahara arrasada hasta los cimientos,** lo cual perdura hasta el 1031, cuando los nuevos amos, deciden que no será posible dominar todo el Al Ándalus, y se conforman con pequeños territorios o taifas, que en otros tiempos no pasarían de ser principados, pero ahora se tildan de Reyes, y a veces de Califas.

Abúl Hazm Yahwar, con el apoyo de los notables y ricos hombres, proclama la **República Aristocrática de Córdoba,** aunque siempre mantuvo una **vida austera y generosa** con los necesitados, que es continuada por su hijo, pero que **sus nietos,** ya malcriados por el lujo y el poder, prefieren destacar una **guerra fratricida,** en la cual Córdoba vuelve a perder, otras Taifas más violentas se imponen, como la de Sevilla, de la cual se convierte en un mero anexo.

Si buscamos algunos restos destacables que no sea la barbarie, NO la encontraremos en Córdoba, solo destrucción o un abandono de las grandes obras arquitectónicas creadas por los ya desaparecidos Omeyas.

Nuevos fundamentalismos llegan del más allá del mar, primero los almorávides, que nada aportan a la arquitectura o el pensamiento, pero copian lo mejor del arte andalusí, **dejando algunos detalles** maravillas en la lejana Marrakech o en la cercana Zaragoza, en el Palacio de la Aljafería, poco más perdura, puesto que la siguiente oleada de fundamentalismo, es más cruel aún, arrasan cualquier vestigio almorávide.

Los Almohades, nuevos conquistadores del Al Ándalus, establecen su capital en Sevilla, la cual aún conserva algo de su escaso legado, pues austeras mezquitas y murallas es su única labor, con alguna excepción, como el Real Alcázar de Sevilla, perfecta fusión de estilos califal, taifal, almohades, mudéjar…

4. CORDOBA CALIFAL

4.4.6 Córdoba Musulmana

Restos de imponentes murallas reconstruidas sobre previas romanas podemos ver aún en Córdoba, con lo cual, el arte andalusí ya desaparece de la historia de esta ciudad de hermosos patios, aunque quizás no...

4. CORDOBA CALIFAL

4.4.7 Córdoba Musulmana

Córdoba Fernandina

En el año 1236, el **Rey Castellano Fernando III**, conquista la ciudad de manera no violenta, pues los notables la entregan sin resistencia, previa huída de rey taifal de turno, pero el precio fue excesivo según algunos, todo musulmán debió marcharse con lo que pudiera cargar, siendo repoblado lentamente por castellanos.

Cristianos viejos y nuevos la repoblaron, con el Rey a la cabeza, que se asienta en los Reales Alcázares, reparte tierras y propiedades entre las tropas que decidieron permanecer en ella, aunque saqueos los hubo, a pesar de las órdenes expresas de Fernando III, que llega a amar a esta ciudad más que a cualquier otra de su reino, y manda a construir una serie de iglesias, de un estilo propio y único.

El estilo Fernandino, algunos lo consideran una fase **entre el Románico y el Gótico,** pero es una visión algo interesada, pues no hallaremos este tipo de arquitectura en ningún lugar más de este amplio mundo.

⇨ **Catorce son las Iglesias** construidas, siete en la Villa o Medina árabe, y siete en la Axerquía o Arrabales en las afueras de la Villa, como centros espirituales y administrativos, pues en catorce distritos fue dividida la ciudad.

Todas ellas, **reconstruidas sobre mezquitas** (que previamente habían sido basílicas o iglesias cristianas visigodas), utilizando los alminares desde los cuales el mulhacin llama a los musulmanes al rezo, en campanarios cristianos, y con planta basilical, de orígenes romanos.

Tres plantas o naves, de la cual, la central es la mayor, más ancha y más alta para los fieles, una planta en el cabecero más pequeña y circular llamada ábside, donde se aloja el altar mayor, y al pórtico de la iglesia, una planta pequeña, desde la cual se accede a su interior.

4. CORDOBA CALIFAL

4.4.7 Córdoba Musulmana

Arcos de medio punto, adaptaciones de los arcos de herradura visigodo, mal llamados árabes, unen las tres naves, de estrechas columnas, y capiteles en la parte superior con decoración vegetal, típicas del arte musulmán y andalusí.

En las fachadas, amplios muros o contrafuertes, de influencias románicas, refuerzan la estructura, las portadas de las puertas, rosetones o ventanas circulares de estilo gótico, con delicadas vidrieras, son otras de sus características.

En época barroca, es decorada con pinturas o retablos característicos de este estilo, sobre todo en la cabecera, o Altar Mayor.

Románico, Gótico, Andalusí o Árabe, Mudéjar, Barroco son esa extraña mezcla que da origen al estilo fernandino actual.

⇨ De las siete originales de la **Villa o Medina** solo perduran la **Iglesia de San Nicolás de la Villa,** que aún conserva la estructura de las tres naves de estilo fernandino, su fachada fue reconstruida en estilo Marienista o Renacimiento Tardío español, destacando su pórtico de entrada, o sus diferentes altares, a la cual iba a rezar Gonzalo de Córdoba llamado el Gran Capitán, vencedor de Franceses e Italianos, que cuando el Rey de turno le exigió la justificación de sus gastos bien empelados en una vida digna para sus soldados, le osó desafiarlo recordándole que le había regalado un nuevo reino a cambios de algunos millones de maravedíes que el derrochaba en fiestas inútiles.

El otro legado es la **Iglesia de San Miguel,** a escasos metros del Foro Romano, donde se asentaron la nueva nobleza cordobesa, aunque su interior es ya claramente barroco, en su exterior aún podemos ver claramente esa fusión románico gótico, con retazos andalusíes, Iglesia de San Juan y todos los Santos o antiguo Convento de la Trinidad, totalmente reconstruida en estilo Barroco, destaca por su Retablo, obra cumbre del barroco cordobés, describirlo es imposible, visitarlo es obligatorio, Iglesia de Santa María o Mezquita Catedral de Córdoba, de la cual hablaremos…

⇨ **La Real Colegiata de San Hipólito,** aunque no definida como estilo fernandino, fue construido en dicho periodo, por eso, es una excepción en Córdoba, yaciendo en ella diversos Reyes y personalidades históricas, entre ellos Alfonso XI, su estructura es claramente gótica, y su decoración predomina el Barroco, con una imaginería exepcional.

4. CORDOBA CALIFAL

4.4.7 Córdoba Musulmana

⇨ De las **siete originales de la Axerquía o Arrabal** solo perduran la **Iglesia de Santa Marina,** típico ejemplo de este estilo, ya que un incendio a fines del siglo XIX, permite eliminar la decoración barroca añadida a posteriori, respetando bastante bien sus orígenes, la **Iglesia de San Andrés,** ampliamente reformada, con una bella Torre de estilo renacentista y un nuevo altar mayor de estilo barroco, y una amplia colección pictórica de ese genio llamado Pablo de Céspedes, la **Iglesia de Santiago,** que de su pasado fernandino, poco podremos observar, tantas han sido sus remodelaciones del Renacentista al Neo Clásico del Siglo XIX, pasando por el Barroco, pero un buen observador aún podrá encontrar retazos de esa decoración vegetal típica del arte andalusí, y la **Basílica de San Pedro,** donde yacen diferentes santos cristianos, profundamente remodelada, en un **tardío estilo mudéjar en el Siglo XVI,** en parte ocultado por nuevas modificaciones Barrocas, y la última de ella, y quizás la más destacable es la **Iglesia de San Lorenzo,** con su alminar convertido en una Torre Campanario Renacentista, obra de Hernán Ruíz, de la cual es una imitadora la famosa Torre del Oro sevillana, el Altar Mayor ya no dispone del Retablo Barroco, de obligada imposición en dicho periodo, pero a cambio nos permite maravillarnos ante esas pinturas murales originales, pero a escasos metros, esa gran obra del barroco, podemos admirarla, como despedida a este estilo propio de Córdoba y Andalucía…

4. CORDOBA CALIFAL

4.5.1 Córdoba Cristiana: La Judería, el Renacimiento, el Barroco...

C órdoba Cristiana

Pues sí amigos míos, **Judería Cristiana,** muchos son los mitos que hablan de un remanso de paz y convivencia en el Al Ándalus, algo que jamás sucedió, solo **parte de época califal,** fue **tolerada las otras minorías religiosas** (cristiana y judía), a cambio de cuantiosos tributos, pero más habitual eran las razias asesinas, que mataban por miles a hombre, mujeres y niños, de estas minorías, y los escasos sobrevivientes eran vendidos como esclavos a precio de saldo.

4. CORDOBA CALIFAL

4.5.2 Córdoba Cristiana: La Judería, el Renacimiento, el Barroco…

Córdoba Judía.

Ya en época **fenicia venían procedentes de la lejana Israel** y Fenecia con destino **a la mítica Tharsis,** que antes de la fundación de la Córdoba Romana, ya estaban asentadas, que cierta tolerancia romana y la destrucción de Israel en el año 70 d.c, hacen que se conviertan en una importante minoría dedicada al comercio.

Periodo **convulso en la etapa visigoda y en la época califal,** con impuestos abusivos y persecuciones esporádicas, que con la invasión de los Almohades, se convierte en un genocidio masivo, hasta desaparecer de esta última Córdoba musulmana.

Son los **reyes cristianos más tolerantes,** en particular con **Fernando III,** cuando se asientan en la que hoy es conocida como la Judería, varios siglos de verdadera convivencia pacífica, así que, a pesar de tanta propaganda, la **Judería es Cristiana,** no musulmana.

⇨ **La Sinagoga de Córdoba,** fue construida en el año 1315, siendo a posterior Hospital, Ermita, Escuela, hasta su definitiva restauración y apertura al público en 1985. Es una de las tres Sinagogas que se conservan, siendo la mejor conservada de todas, destacando **sus impresionantes yeserías** que recubren sus muros, diversas inscripciones en hebreo aún adornan sus muros, en la parte superior podemos observar una decoración basada en forma de estrellas de varias puntas, mezclados con motivos vegetales de estilo mudéjar.

Otro resto interesante es la **Casa Sefardí del Siglo XIV,** o puedes conocer otros restos, realizando un pequeño paseo por la Calle de los Judíos con destino a la Plaza de Maimónedes, corazón de la Judería.

4. CORDOBA CALIFAL

4.5.2 Córdoba Cristiana: La Judería, el Renacimiento, el Barroco…

C órdoba Renacentista y Barroca.

Muestra de este claro ejemplo del **Renacimiento cordobés**, lo podemos admirar en la **Puerta del Puente,** la Plaza del Potro con su Posada descrita tan bien en el Quijote, o la impresionante **Plaza de la Corredera,** una de las grandes Plazas Mayores de España, hermana de la madrileña por todos conocida, o **Palacios como el de Viana,** con sus doce jardines cordobeses, o el Palacio de los Lunas, de estilo plateresco, o el más impresionante **Palacio Episcopal de Córdoba** o las Caballerizas Reales, o el **Hospital de San Sebastián,** con rastros mudéjares, platerescos, etc.

En numerosos edificios e iglesias encontramos este Barroco tan llamativo, destacando los retablos de los Altares Mayores de tantas iglesias fernandinas, fachadas reconstruidas, o capillas como la que encontramos en el Convento de la Encarnación…

OBRAS CUMBRES
DEL
ARTE ANDALUSÍ

MEZQUITA CATEDRAL DE CÓRDOBA. Estilo Califal.

CIUDAD PALACIEGA DE MEDINA AZAHARA. Estilo Califal.

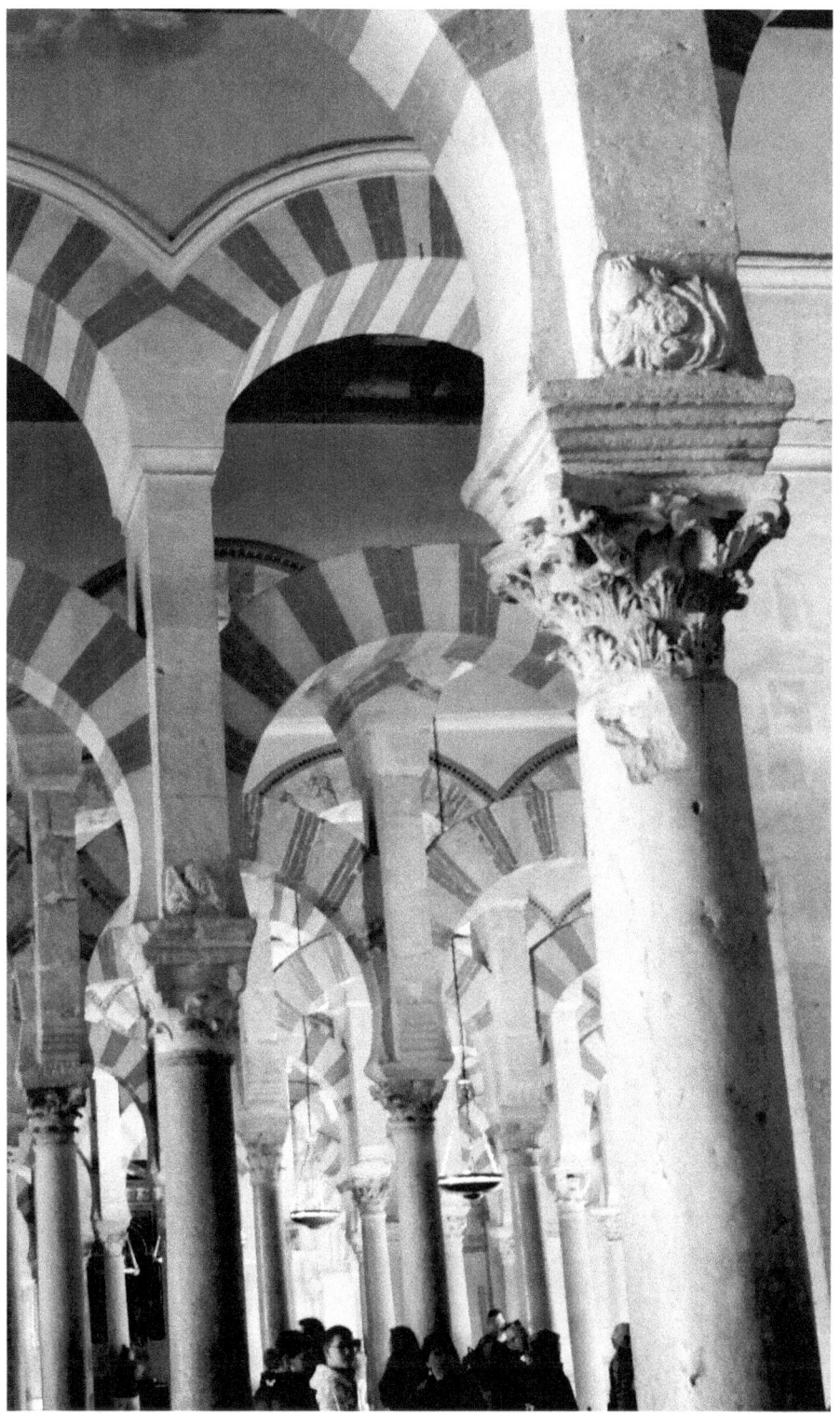

MEZQUITA CATEDRAL DE CÓRDOBA.

"Estilo Califal."

6. *MEZQUITA CATEDRAL DE CÓRDOBA. Estilo Califal.*

6.1 La Mezquita

L a Catedral de la Asunción de Nuestra Señora

La **Mezquita Catedral de Córdoba,** así es llamada por algunos, aunque su nombre oficial es Catedral de la Asunción de Nuestra Señora, cuyo comienzo constructivo, data del **año 786,** siendo más de dos siglos necesarios para su construcción, con ella comenzó el Emirato Omeya de Al Ándalus y finalizó con el fin del Califa, aunque aún permaneció en manos musulmanas hasta el Siglo XIII.

Mezquita Aljama o Mayor, la principal de la ciudad, donde los viernes, día dedicado al descanso y a la sumisión a Ala, el ulema de mayor prestigio, marcaba las directrices morales a respetar por todos los musulmanes.

Con más de 25.000 metros cuadrados, y capaz de alojar a docenas de miles de creyentes, fue durante siglos la **segunda mayor mezquita del mundo,** solo sobrepasada por la de la Meca, cuna del Islam.

Con una estructura similar rectangular, divididas en diversas naves a otras mezquitas, su orientación **esta ligeramente desvíada con respecto a la Meca,** característica casi exclusiva del Al Ándalus.

Ya en el **Siglo XVI** es remodelada, construyendo en su interior una nueva **Basílica cristiana de estilo Renacentista,** de manos de esos genios cordobeses, Hernán Ruíz, sin olvidar diversas capillas, hasta 33, que son añadidas con el paso de los siglos.

La **Alhambra es Patrimonio de la Humanidad,** visitada por casi dos millones de turistas al año, es la obra cumbre del estilo Califal del Al Ándalus, y por ende, del arte islámico califal en Europa, y una de las Siete Maravillas del Arte Islámico Universal.

6. *MEZQUITA CATEDRAL DE CÓRDOBA. Estilo Califal.*

6.2 Orígenes

L a Mezquita Catedral de Córdoba

Suplantar unas creencias por otras, respetando los mismos lugares, que la fuerza de las costumbre los convierte con el paso de las generaciones en "mágicos", forma parte del proceso natural de expansión de todas las grandes religiones proselitistas, y la Mezquita Catedral de Córdoba no es la excepción, más bien el **ejemplo perfecto de ello.**

Que en el mismo lugar se hubiera asentado previamente **algún templo pagano íbero,** es imposible de acreditar, lo que sí es probable que ya hace dos mil años atrás, algún **Templo dedicado al Dios Jano,** de la mitología imperial romana, responsable del comienzo de cada año, en latín Ianuarius y en castellano ya modernizado, Enero, se asentara en dicho lugar.

Dicha afirmación, muy discutida por algunos, se basa en un principio básico del cristianismo, y luego del Islam, construir sus Templos religiosos sobre templos previos a los cuales sustituyen.

Lo que sí está documentado, es la existencia de un **edificio religioso, hispano visigodo.**

6. *MEZQUITA CATEDRAL DE CÓRDOBA. Estilo Califal.*

6.3 La Basílica de San Vicente Mártir

La Iglesia de San Vicente Mártir, en sus primitivos orígenes, en el siglo IV o V, una Iglesia paleocristiana, con una estructura clásica: Un atrio de acceso, una gran nave rectangular, separadas en aéreas menores por columnas, y un ábside circular, donde estaba situada el Altar Mayor.

Debido a la influencia del **Obispo de Osio de Córdoba**, se debió practicar un cristianismo católico bajo dependencia de Roma, que con la invasión Visigoda, que unifican la Hispania Romana, imponen la versión Arriana del Cristianismo, que niegan la trinidad, defendiendo que Dios creó a Jesús a posteriori como un ser dependiente, afirmaciones que en la actualidad están en el ámbito de los Teólogos, pero en aquellas tempranas fechas, nos fuera costado nuestra vida, por desafiar las corrientes mayoritarias.

⇨ **La Iglesia de San Vicente Mártir,** en sus primitivos orígenes, en el siglo IV o V, una Iglesia paleocristiana, con una estructura clásica: Un atrio de acceso, una gran nave rectangular, separadas en aéreas menores por columnas, y un ábside circular, donde estaba situada el Altar Mayor.

Recadero I, rey visigodo de esta nuevo Reino, en el año 587 se convierte al catolicismo, desapareciendo de las creencias y de las Iglesias ese arrianismo de orígenes godos, y provocando una **transformación de la Iglesia de San Vicente Mártir, ya en Basílica y Complejo Episcopal.**

⇨ **La Basílica de San Vicente Mártir,** desde la cual el Obispo cristiano realizaba sus arengas, siendo **equivalente a las Catedrales actuales,** la de mayor importancia política o simbólica de la ciudad de Córdoba, mantenía en sus anexos una serie de **edificios administrativos religiosos y civiles,** denominados Sede Episcopal, entre ellos el **Palacio del Obispado.**

Las últimas excavaciones realizadas, acreditan que debajo de la **Sala de Oración de la Primera Mezquita,** o la de Abderramán III, se encontraban restos de la **antigua Sede Episcopal,** debiendo haber sido destruidos inmediatamente después de la entrada de los musulmanes en Córdoba, para eliminar los vestigios terrenales del poder de la Iglesia Cristiana.

6. MEZQUITA CATEDRAL DE CÓRDOBA. *Estilo Califal.*

6.3 La Basílica de San Vicente Mártir

En las naves centrales de **la Primera Mezquita,** se encontraron muros mejor conservados, que deberían pertenecer a la Basílica de San Vicente Mártir, que sobrevivió unas décadas más convertida en Iglesia.

⇨ **El Museo Visigodo de San Vicente,** que se encuentra en el interior de la Mezquita Catedral de Córdoba, es un lugar interesante a visitar, restos de la Basílica y la Sede Episcopal, y destaca un friso del Siglo IV, representando escenas evangélicas, es su obra más destacada.

La Invasión musulmana y la consiguiente conquista de Córdoba, nos lanza a un nuevo periodo constructivo...

6.4 La Primitiva Mezquita de Córdoba

La **Primera Mezquita Aljama de Abderramán I,** que no fue el primer oratorio, ni quizás la primera mezquita de Córdoba, ya que varios debieron de ser los Oratorios musulmanes construidos nada más detentar el poder en la ciudad, y el que se situaba en los primeros **terrenos expropiados de la Iglesia** de San Vicente Mártir, quizás sea el más antiguo.

Costumbre de aquellas épocas, era **destruir el símbolo del poder político religioso no musulmán,** y la expropiación forzosa y gratuita de a mitad de los templos religiosos conquistados, y décadas a posteriori, el total del Templo cristiano, sin prestación económica a cambio, aunque uno de tantos mitos, es que Abderramán I, abonó dicha usurpación, algo que contradice las costumbres de la época y que no está documentado en ningún lugar.

⇨ La Primera Mezquita Aljama de Abderramán I, que no **fue el primer oratorio, ni quizás la primera mezquita de Córdoba,** ya que varios debieron de ser los Oratorios musulmanes construidos nada más detentar el poder en la ciudad, y el que se situaba en los primeros terrenos expropiados de la Iglesia de San Vicente Mártir, quizás sea el más antiguo.

Desde el 785, la denominada ya Mezquita Aljama o Mezquita Mayor, la principal y mayor de la ciudad, cuenta con un **primer Oratorio u Harán,** el muro principal o Quibla, siempre situado dirección a la Meca, y una Mihrab o Capilla, que marca con exactitud donde está situada la ciudad santa del Islam, para evitar confusiones al realizar el rezo a Ala.

Un detalle exclusivo de esta Mezquita y poco frecuente en el mundo Islámico, es que la **Quibla esta desviada hacia el Sur,** ya fuera por la inestabilidad de los cimientos por la cercanía al Río Guadalquivir o por un desafío de poder simbólico del Omeya Abderramán I a los nuevos Califas Abasíes de Bagdad.

Tanto la Quibla como la Mihrab primigenia, ya no existen, demolidos en las nuevas ampliaciones, pero sí **se conserva las once naves longitudinales y doce trasversales originales,** que podemos ver entrando por la derecha al Patio de Los Naranjos de la Mezquita Catedral.

6.4 La Primitiva Mezquita de Córdoba

Las columnas y capiteles **son todos de origen romano y visigodo,** reciclad os de otros monumentos previos, y son asentados sobre pilares cuadrados para darles una mayor altitud y luz.

Se utiliza **arcos dobles para embellecer** y dar soporte a toda esta estructura, el visigodo de herradura y el de medio punto (semicircular), con ladrillos de color rojizo y piedras de caliza de color amarillo, como elemento constructivos, de ahí, el **bosque de palmeras** como algunos definen esta mezcla casi infinita de columnas y dobles arcos, por su semejanza.

Apenas tres años después, en el 788, las obras se dan por finalizadas, el suelo, **tierra recubierta de alfombras persas,** ya que el mármol que ahora lo decora, es algo añadido en la época post musulmana.

6. MEZQUITA CATEDRAL DE CÓRDOBA. *Estilo Califal.*

6.5 El Patio de los Naranjos del Emir Hisham I

El Patio de los Naranjos y el primer Alminar, obras de Emir Hisham I, aunque esta torre o alminar, utilizada para llamar al rezo cinco veces al día a los creyentes por el mulhacin, fue demolida en próximas ampliaciones.

Originalmente este **Patio o Sahn o patio de abluciones**, estaba plantado de palmeras, donde se impartían clases religiosas o se aplicaba la justicia islámica por el caíd o ulema, la disposición actual es similar a la original, aunque **ampliado por Almanzor** y remodelado en el **Siglo XVI por Hernán Ruíz**, célebre arquitecto del Renacimiento Cordobés.

⇨ El Patio de los Naranjos y el primer Alminar, obras de Emir Hisham I, aunque esta torre o alminar, utilizada para llamar al rezo cinco veces al día a los creyentes por el mulhacin, fue demolida en próximas ampliaciones.

Actualmente mide c**iento treinta metros de ancho por cincuenta de largo,** con un gran aljibe del Siglo X, utilizado para la limpieza o fuente de las Abluciones antes del rezo diario, estructurado en tres zonas, cada una con su **propia fuente,** pero la más llamativa y que ocupa el espacio central, es la conocida por todos por **"La Fuente del Patio de los Leones"** de estilo Barroco, construida en el Siglo XVIII.

Tres **pequeñas fuentes o caños** del Siglo XVIII, se encuentran en la parte exterior de los muros del Patio de los Naranjos, denominada **Caño Gordo, Arca del Agua y Santa Catalina,** dignas de visitar pero poco frecuentadas.

6. *MEZQUITA CATEDRAL DE CÓRDOBA. Estilo Califal.*

6.6 La Ampliación del Emir Abderramán II

La Ampliación consta de **ocho naves longitudinales extras,** con dirección al Sur, en total unos 26 metros, siendo destruidos los primeros mihrab y quibla, siendo necesario casi un centenar de **nuevas columnas,** algunas adquiridas en saqueos de otros monumentos, otras **construidas en alabastro,** más barato que el mármol.

Una gran **explosión demográfica,** tras más de medio siglo de una relativa paz, con una expansión de la agricultura y el comercio, no permite el acceso a tal volumen de creyentes a la primitiva mezquita, y el Emir Abderramán II, ordena primero **construir dos alas o galerías para que las mujeres** puedan realizar sus oraciones, y a continuación una gran ampliación, dando comienzo las obras en el año 833 y siendo finalizadas ya por su hijo Muhammad I, en el año 855.

⇨   La Ampliación consta de **ocho naves longitudinales extras, con dirección al Sur,** en total unos 26 metros, siendo destruidos los primeros mihrab y quibla, siendo necesario casi un centenar de nuevas columnas, algunas adquiridas en saqueos de otros monumentos, otras construidas en alabastro, más barato que el mármol.

Un detalle, las **Bases o Soportes inferiores,** típicas en las columnas de la primitiva mezquita, no son utilizadas, ya sea por escasez del presupuesto o por un nuevo diseño.

Arcos de herradura, ricamente decorados en su parte superior o dovelas, de **ladrillos rojos y amarillos,** pero con un detalle más sobrio, capiteles de pencas, es decir, sin apenas decoración, sobrios, similares a los corintios, pero sin labrar.

A niveles prácticos, **doblan el espacio** destinado al rezo, que permiten una mayor iluminación interior

6. *MEZQUITA CATEDRAL DE CÓRDOBA. Estilo Califal.*

6.7 La Ampliación del Califa Abderramán III

S olo se **conserva algo menos de la mitad del minarete original,** ocultado por la Torre Campanario de la Catedral, diseñada y construida por Hernán Ruíz, en estilo renacentista, en el Siglo XVI.

El **auto nombrado Califa de Al Ándalus,** Abderramán III, cuya gran obra arquitectónica es la **ciudad palaciega de Medina Azahara,** no por ello olvida realizar una obra que se le recuerde en las generaciones futuras, y nada mejor, que un nuevo y enorme alminar.

⇨ El **Alminar o Torreón** utilizado para llamar a rezo a los creyentes, fue construido en el año 951, finalizando al siguiente, estando formado por **dos cuerpos o plantas cuadradas superpuestos,** de una altura estimada de casi 60 metros en el cuerpo inferior, una serie de arcos de herradura lo embellecían, en la parte superior, una amplia habitación abierta para los muecines, con un pequeño torreón que **finalizaba en cinco bolas doradas,** típicas de muchos minaretes.

Este diseño, ya clásico en el resto del mundo árabe, es el **primero de ellos que se construye,** siendo imitados en estilo andalusí por miles de mezquitas en todo el Islam.

Solo se conserva algo **menos de la mitad del minarete original,** ocultado por la **Torre Campanario de la Catedral,** diseñada y construida por **Hernán Ruíz, en estilo renacentista,** en el Siglo XVI.

6. *MEZQUITA CATEDRAL DE CÓRDOBA. Estilo Califal.*

6.8 La Ampliación del Califa Hakam II

El **Califa que no quiso reinar,** Hakam II, erudito, piadoso, tolerante, incentivó las artes, la literatura, la medicina, fundó la mayor Biblioteca desde los tiempos de Alejandría, y realizó la más hermosa ampliación de la Mezquita de Córdoba.

Muy a su pesar, **conserva la misma orientación**, algo desviada de la Meca, **añadiendo doce nuevas naves o tramos,** para lo cual necesita doscientas nuevas columnas, de mármol azulado y rosado, que manda construir, impidiendo el saqueo de otras obras arquitectónicas, en total una ampliación de casi 50 metros de longitud.

⇨ **Embellece la Maqsura o Capilla** destinada al Califa y/o Imán, con 24 nuevas columnas en los pilares, y casi un centenar más en las cúpulas o bóvedas, **arcos polilobulados en contraste con los de herradura,** es otra de su grandes aportaciones, **mosaicos de los mejores artesanos bizantinos,** yeserías y mocárabes realizadas por artesanos andalusíes, son algunos de los cientos de detalles que podemos admirar.

Cuatro **grandes Lucernarios,** cubiertos por cúpulas ricamente labradas, que dan un nivel de luz e iluminación nunca visto antes en contraste con otras mezquitas, o las tristes y oscuras iglesias cristianas, forman parte de su aportación, definiendo este periodo, el de **mayor esplendor cultural del Califato** Omeya de Al Ándalus, y por ende de todo el mundo islámico, donde la tolerancia hacia otras creencias llega a unos niveles que nunca se han vuelto a repetir en países de tradición musulmana.

Tres años tarda en realizar la ampliación, pero **décadas en completar esta magnífica decoración,** un Califa que fue la excepción en ese revuelto Califato…

6.9 La Ampliación del Señor de la Guerra Almazor

Feroz Tirano, **aliado del islamismo más radical,** que hizo de las razzias y la esclavitud su principal fuente de riqueza, con un enorme **ejército de mercenarios a su servicio,** para algunos el momento cumbre del Califato, pero más bien, su destructor, y de la antaña riqueza cultural, gran exterminador, aún algunos osan dedicarle monumentos, mejor pensar por ignorancia que por maldad, así era Almanzor o Al Mansur.

La **mayor ampliación en espacio,** pero no en calidad de los materiales utilizados o en su decoración, ya se puede palpar esa decadencia constructiva y artística.

⇨ El **espacio destinado a rezar o Oratorio,** casi se dobla, construido a todo lo ancho de la mezquita, casi 50 metros, con ocho grandes naves sustentadas en **casi cuatrocientas columnas,** construidas en piedra y cualquier otro material disponible, las dovelas están construidas con piedra caliza y sobriamente pintadas en color rojizo.

Se **amplía en Patio de los Naranjos** y se construye un gran **aljibe,** necesario para las abluciones de los docenas de miles de creyentes, que voluntariamente o por imposición armada, deben asistir cada día cinco veces.

Esta obra faraónica, emplea **mano de obra de esclavos,** ya sean cristianos o musulmanes, no artesanos, por ello decae la calidad constructiva, y se lleva la vida de cientos o quizás miles de vidas inocentes…

Tras su muerte, **se expanden las semillas dejadas** por Almanzor, caos, revueltas, destrucción, que pone fin al Califato, aunque esa Córdoba musulmana sobrevive un par de siglos, pero ya en total decadencia…

6.10 La Reforma como Catedral

La Ciudad cae **en manos cristianas en el año 1236,** de manos del **Rey Fernando III,** que ordena preservarla a toda costa, y su conversión en Catedral, un dilema sucedido durante siglos, unos partidarios de su conservación original, otras de modificación, dilema que de momento, se decantó por su conservación, pero los siglos pasan rápidamente...

Numerosas han sido las capillas cristianas que se han incorporado a la antigua Mezquita, hoy Catedral, hasta treinta y tres se han llegado a contar.

⇨ **La Capilla Real de la Mezquita,** construida sobre al año 1370, como **Tumbas Reales de Fernando IV y Alfonso XI** (ya trasladados a la Basílica de San Hipólito), siendo decorada en su parte superior con yeserías y mocárabes de estilo mudéjar, aún podemos admirar esa Bóveda, obra cumbre del arte mudéjar cordobés, otros prohombres han sido enterrados a los pies de las Tumbas Reales, que aún se conservan en el mismo lugar.

⇨ **La Antigua Capilla Mayor o de Villaviciosa,** está situada en uno de los cuatro lucernarios construidos en época de Hikam II, conservado en parte su estructura fernandina, reformada en el siglo XV en estilo gótico, con unos techos de madera, en arcos, ese gótico tardío que es típico del norte peninsular, pero prácticamente desconocido en el Sur, por ello su excepcionalidad, es sin duda la más bella de las capillas cristianas.

⇨ **Capilla Mayor o la Nueva,** de estilo renacentista, obra de Hernán Ruíz, con una superficie de 3.000 metros cuadrados, destaca por su bóveda de crucería, con ángeles musicales delicadamente labrados, y por su Retablo Mayor, mármol labrado digno de admirar, con diversos añadidos de la etapa Barroca, algunos de los cuales ya desmontados.

⇨ **Capilla del Sagrario y la Capilla de Santa Teresa,** ambas son destacables del conjunto de 33 capillas, la primera o del Sagrario, por sus impresionantes frescos, la más exuberante en todo el antiguo Al Ándalus, que decoran con pintura al óleo todas sus paredes y techos, que nada tiene que envidiar a la Capilla Sixtina del Vaticano.

6.10 La Reforma como Catedral

En cambio, la Capilla de Santa Teresa, destaca por el abundante uso del mármol, ya sea en su Cúpula o en el Sepulcro, y sobre todo por el Custodio labrado a mano y en plata, de casi tres metros de altura, y más de 200 kg de peso, único por su tamaño, peso y exquisitez artística.

⇨ **El Crucero renacen**tista, comenzado a construir en 1523, y demoro décadas, es la gran obra arquitectónica cristiana de la antigua mezquita, debajo del cual, se protegen, otras obras maestras, como el Coro, con esa **sillería de caoba de las Indias,** los pulpitos tallados en mármol por Verdiguier o el retablo de estilo renacentista, son algunos de los detalles que no nos debemos perder.

6. *MEZQUITA CATEDRAL DE CÓRDOBA. Estilo Califal.*

6.11 Las Puertas hacia el Paraíso

Demasiadas son las Puertas de esta bella Mezquita Catedral, unas de la época Califal, otras de la época Cristiana, la mayor parte remodeladas en diferentes estilos, todas deben ser visitadas, pero algunas destacan entre ellas.

⇨ **La Puertas de entrada al Patio de Los Naranjos,** son las más conocidas, entre ellas, **Puerta o Postigo de la Leche,** de estilo renacentista, construida por Hernán Ruíz, la **Puerta de los Deanes,** la original fue construida por Abderramán I, que aún perduran detalles en la parte inferior, la **Puerta de la Grada Redonda,** de estilo churrigueresco, la **Puerta de Santa Catalina,** también de estilo renacentista, del arquitecto Hernán Ruíz.

⇨ La **Puerta más antigua** es la **Puerta de San Esteban o de los Visires,** fue construida por el primer Emir Omeya, Abderramán I.

⇨ Las **Puertas de Hakem II,** que fue el gran arquitecto de la actual hermosura de la Mezquita, entre ellas destacamos la **Puerta de la Paloma o Postigo del Palacio,** la **Puerta del Espíritu Santo,** la **Puerta de San Idelfonso,** o la Puerta del Sabat que unía la mezquita con el Palacio Alcázar musulmán.

⇨ La **Puerta más Mudéjar o Puerta del Perdón,** siendo construida en el siglo XIV, dispone de dos arcos de herradura, entre los cuales se halla un espacio con techo en forma de cúpula.

Docenas son los lugares que debemos descubrir, caminando por la Mezquita y sus alredores, es parte del placer de viajar, dedicar unas horas merecidas a ello, y rehuir de las prisas...

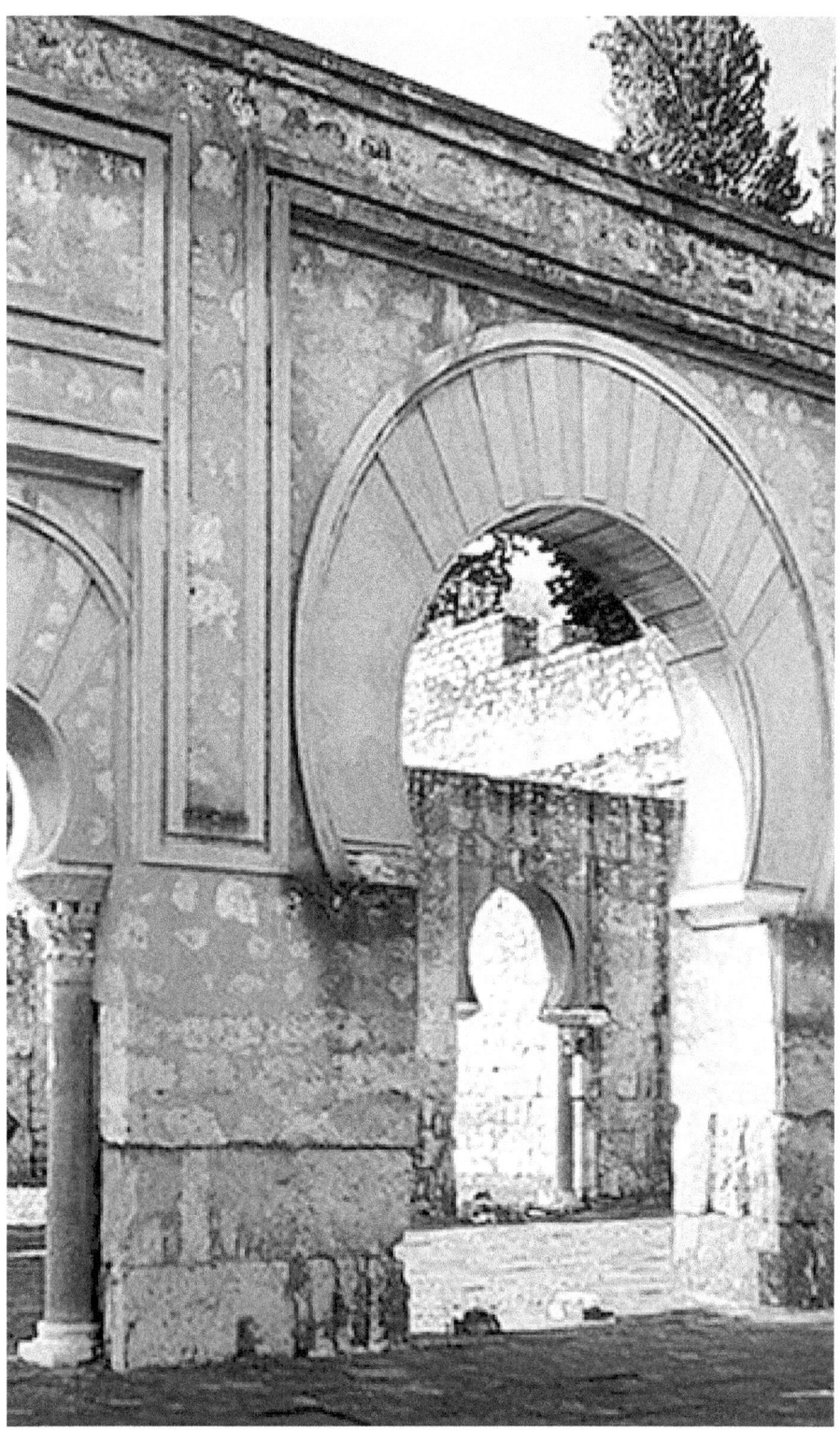

MEDINA AZAHARA.

"Estilo Califal."

7 MEDINA AZAHARA. *Estilo Califal.*

7.1 La Ciudad Palaciega.

Vieja tradición de Oriente son las ciudades palatinas, poco habituales en Occidente, donde se entremezclan el poder más absoluto, con una divinización del gobernante, y que aportan una serie de características comunes, procedentes de la Persia de los Aquemidas o el Egipto de los Faraones.

⇨ La ya más conocidas, la **Ciudad Imperial de Pekín**, o la **Ciudad Estado del Vaticano,** ambas en el limite geográfico de su nacimiento.

⇨ El **Origen divino del poder del gobernante,** en caso del Islam, los Califas, **descendientes y representantes legítimos del Profeta Mahoma,** que les imbuye de una autoridad incontestable ante el pueblo, que la distancia ante los gobernados hace aumentar, es un factor a considerar para la construcción de un lugar alejado de los más viles mortales.

⇨ **Amplias murallas,** que protegen el lugar de miradas indiscretas, ya que como humanos imperfectos, realizan prácticas que no están acordes a los principios morales que representan estos líderes divinizados, como el consumo de alcohol, la infidelidad, y otros pecados capitales.

⇨ **Lujo desbordado,** mientras el pueblo pasa estrecheces, que debe ser ocultado a la vista de todos, y que debe ser pagado con impuestos abusivos, exigen **legiones de sirvientes o barrios de lacayos** dedicados en exclusiva.

⇨ **Legiones de mercenarios, de lejanas tierras,** para imponer esa voluntad divinizada, con grandes **Alcazabas o Cuarteles militares,** con viviendas para estas tropas extranjeras y sus familias.

⇨ **Burocracia, o quizás Burrocracia,** que administran "justicia", recaudan **impuestos,** siempre situados cerca del poder divinizados, necesitan edificios y por ende barrios enteros de administradores, en muchas ocasiones, de otras tierras o religiones…

⇨ **Palacios dignos de tal poder,** mejor muchos que pocos, para el gobernante divinizado y su amplia familia, también deben ser construidos por los mejores artesanos y con los materiales más nobles, desde el mármol al oro…

7 MEDINA AZAHARA. *Estilo Califal.*

7.1 La Ciudad Palaciega.

Todas estas **características definen a la ciudad palatina,** de la cual, la ya extinta Medina Azahara fue un reflejo, aunque si deseamos ver alguna aún en pie, la Ciudad Imperial de Meknes, construidas en un estilo andalusí en el Siglo XVII, podremos hacernos una idea real de su significado...

7 MEDINA AZAHARA. *Estilo Califal.*

7.2 El Lugar

Madīnat al-Zahrā o la Ciudad Brillante, mandada construir por Abderramán III, primer Califa Omeya de Al Ándalus, como reflejo de su poder imperial y divino, en el año 936, aunque no fue finalizada hasta medio siglo después, por el Señor de la Guerra Almanzor.

⇨ **A los pies de Sierra Morena,** a un día de camino de la Córdoba musulmana, hoy en día apenas 10 km de la ciudad moderna, frente al Valle del Guadalquivir, un hermoso paisaje que podía ser modificado y embellecido al antojo de sus constructores, es el lugar elegido para la construcción de Medina Azahara.

Diversos son los **mitos sobre su nombre,** desde el gran amor ignorado de Abderramán III, o **a las hojas de azahar de los miles de naranjos** que en primavera embellecían el lugar con sus aromas, aunque quizás sea más acertado pensar, en el brillante resplandor a la luz del Sol, de las toneladas y toneladas de mármol empleada en su edificación.

⇨ **Con 1500 metros de largo y 750 de ancho,** de planta rectangular, no se asemeja a ninguna medina árabe conocida, pues son caóticas en su edificación, en cambio, Medina Azahara, con su **millón de metros cuadrados** es el orden personificado.

En **tres aéreas o niveles,** se halla dividida la ciudad, la superior o Burocrática, y para finalizar, la zona de los sirvientes, con sus cientos de viviendas humildes pero dignas, mercados, jardines, baños públicos, etc.

⇨ La **Mezquita Aljama o Mayor,** hace de muro protector del recinto de los Palacios con respecto a las zonas administrativas y/o barrios de viviendas de los sirvientes.

Un **Alcázar fortificado protege los Palacios Califales** de posibles ataques, más bien con el objetivo de defenderse de revueltas y levantiscas, que de un poderoso ejército conquistador.

⇨ **Sillares de Piedra para las murallas y viviendas,** mármol para las columnas y edificios mas emblemáticos, con una magnífica decoración

7.2 El Lugar

en las partes nobles, **jardines exuberantes**, yeserías y **mocárabes en los techos**, azulejos andalusíes en las paredes, **maderas labradas**, piezas de bronce de animales salvajes, **vajillas de cerámica vidriada,** son solo parte de los materiales utilizados en su construcción.

Por fin, después de siglos, un **moderno Centro de Interpretación**, de obligado paso, nos hará tener una visión de conjunto, que las piedras olvidadas de esta Medina Azahara arrasada ya hacen mil años, no es capaz por sí misma.

7 MEDINA AZAHARA. *Estilo Califal.*

7.3.1 Los Edificios

La **Puerta del Norte**, conectaba directamente Medina Azahara con Córdoba, permitía una rápida salida de las tropas de caballería que escoltaban al Califa para sus obligaciones militares o religiosas, siendo en ángulo y con un cuerpo de guardia permanente para su mayor protección.

No fue hasta principios del **Siglo XX**, cuando deja de ser llamada **Córdoba la Vieja**, pues todos suponían que esos restos eran la antigua Ciudad Romana de Corduba, craso error, puesto que ya se practica una arqueología seria y estable, interrumpida por periodos típicos del pueblo español, que decide destruir más que construir, y ya pasado un siglo largo, **apenas se ha excavado un 10% del total**, principalmente la parte superior, el área de los Palacios o Alcázar, por lo cual surgen mitos como que disponían de miles de puertas o docenas de cientos de columnas de mármol, algo real para los crédulos.

⇨ La Puerta del Norte, **conectaba directamente Medina Azahara con Córdoba**, permitía una rápida salida de las tropas de caballería que escoltaban al Califa para sus obligaciones militares o religiosas, siendo en ángulo y con un cuerpo de guardia permanente para su mayor protección.

Aún se pueden **observar sus muros de piedra**, labradas por todas sus caras y superpuestas en sillerías como es definida este tipo de construcción.

⇨ A la derecha, atravesando la Puerta del Norte, en al parte **más alta del Alcázar o Recinto Palaciego**, construido sobre la roca directamente, estaba situado la **Casa Real y Residencia Privada de Abderramán III**, con una terraza en el frontal delantero con tres naves o crujías de múltiples habitaciones con alcobas en la parte final, decoradas con arabescos y el suelo de ladrillo, incorpora cenefas geométricas realizadas con trozos de piedra.

7 *MEDINA AZAHARA. Estilo Califal.*

7.3.2 Los Edificios

En la parte inferior, el Patio de los Pilares, rodeado de galería cubierta o habitaciones de gran tamaño, rematadas con pequeñas alcobas o dormitorios, posible lugar de reuniones y descanso de las altas jerarquías del Califato.

Tres conjuntos de Viviendas destacan en esta zona, **la de Servicios**, con habitaciones y almacenes anexos tanto para el Jefe de Cocina y sus ayudantes, para la elaboración diaria de los alimentos que iban a consumir esta amplia población que residía en el Alcázar o Área Palaciega; **las Viviendas Superiores,** también con una decoración más tosca, se dividía en múltiples habitaciones para el uso de los soldados y oficiales de guardia encargados de la protección del Califa y su familia, existiendo **una habitación de mejor calidad** que las anteriores, quizás residencia **del General** de confianza de Abderramán III, Galib Abu Tamman.

⇨ **La tercera** de estas viviendas, la de **La Alberca,** con un gran patio central con su correspondiente alberca, se supone **residencia del Califa Hakim II**, en ella destacan los arcos de herradura decorados con arabescos, y una amplia zona de baños, que debió llegar al centenar de metros.

⇨ También en la misma área constructiva encontremos la **Casa de Yafar,** primer ministro del Califa, **persona de humildes orígenes y gobernante eficaz,** pero poco dado a las intrigas, lo cual le costará su cabeza de manos de Almanzor, el Señor de la Guerra.

Tres aéreas bien definidas, cada una con su patio, **la Oficial,** de planta basilical con tres naves comunicadas por los omnipresentes arcos de herradura con uso de mármol en los suelos y decoración de ataurique en las paredes; en la zona oriental, encontramos **la zona Privada** con pequeñas habitaciones que finalizan en una alcoba, y un pequeño patio interior con una fuente de mármol, y en el exterior, las habitaciones, cocinas y almacenes, llamadas del **Servicio,** más sobrios y escasamente decoradas.

7.3.3 Los Edificios

E l Edificio denominado **Basílica Superior,** se encontraba a la izquierda, atravesando la Puerta Norte, aunque la función que desempeñada aún es discutida, pero dada la preeminencia militar de Abderramán III, es posible que fuera el Cuartel General del Ejército o Dar al-Yund.

Mantiene **la planta basilical,** diseño de origen romano con cinco naves de tamaños similares, **separadas por arcadas** (una sucesión de arcos de herradura) sustentada en columnas de mármol, y una sexta nave trasversal a las anteriores, que daba a un patio exterior.

Como **elementos decorativos,** aún se conserva parte del suelo original, ladrillo cordobés, las **paredes estaban pintadas en blanco y ocre rojizo** (almagra), las columnas acaban en capiteles de avispero (capitel compuesto según la tradición romana, con múltiples agujeros, que imitan un nido de avispas u abejas) y compuestos (este y el toscano, son aportaciones de la arquitectura romana).

⇨ A la espaldas de la Basílica, encontraremos el **Gran Pórtico o Puerta Oriental** de entrada al área Palaciega o Alcázar, formado por quince arcos, el central de herradura, y los catorce restantes tipo escarzano o semicircunferencia, con una decoración sencilla, **predominando el blanco y las dovelas con ladrillos rojizos y piedras amarillentas** en las proximidades, una pequeña tribuna cubierta, desde la cual, el Califa revisaba a las tropas que se ejercitataban en la Plaza de Armas, situada a escasos metros.

7.3.4 Los Edificios

La **Mezquita Aljama,** situada en el exterior, pasando la Puerta Oriental, es **de planta rectangular,** y si esta orientado correctamente hacia La Meca, hecho poco habitual en el Al Ándalus, con un espacio total de unos 500 metros cuadrados.

Diseño clásico, con dos aéreas bien definidas, la **Sala o Patio de Abluciones** y la de **Oración o Haram,** formada por cinco naves, separadas entre ellas por ocho arcos de herradura, y sin olvidar el minarete o alminar, el suelo de tierra cubierto de esteras o alfombras, y el mihrab profusamente decorado.

Un pasillo protegido debería unir la Mezquita Aljama con la Puerta Oriental o Gran Pórtico, para uso exclusivo del Califa.

⇨ **Frente a la Plaza de Armas,** estaba situado el **Salón Rico o de Abderramán III...**

7.3.5 Los Edificios

E s sin duda, la obra cumbre de Medina Azahara, de obligada visita, para saborear ese pasado esplendoroso...

Frente a la Plaza de Armas, estaba situado el **Salón Rico o de Abderramán III,** también llamado **Salón Oriental,** el edificio mejor conservado todos los restos arqueológicos de Medina Azahara, y que tenía una función múltiple, desde **Salón de recepción de Embajadores,** a **Salón del Trono,** y lugar de celebración de Fiestas y Actos Califales, por lo cual, se empleó los mejores materiales, y su decoración, la más elaborada y exquisita de toda la Ciudad Palacio.

Su planta de **estructura basilical o romana de tres naves,** siendo la central la mayor de ellas, y una nave trasversal que hacia las funciones de pórtico o entrada, a su vez todo ello, dividido en tres cámaras o habitaciones de menor tamaño.

⇨ El **uso intenso del arco de herradura** se impone, con **alfiz o molduras** que envuelven los arcos, están bellamente decoradas, con dovelas que alternan el **ocre rojizo del ladrillo** con el color de la piedra, rozando los techos de maderas labrados representando las estrellas del cielo infinito.

Las **columnas son del mejor mármol,** y las paredes, finas láminas de **mármol de colores rosados y azulados,** con grabados que representan el árbol de la vida.

A los pies de este magnífico Salón, se encontraba los "Jardines Altos", para uso y disfrute de las élites, con un **Pabellón privado y cuatro grandes albercas** para su riego, y refrescar en ese verano ardiente, tan típico de Córdoba.

Es sin duda, **la obra cumbre de Medina Azahara,** de obligada visita, para saborear ese pasado esplendoroso...

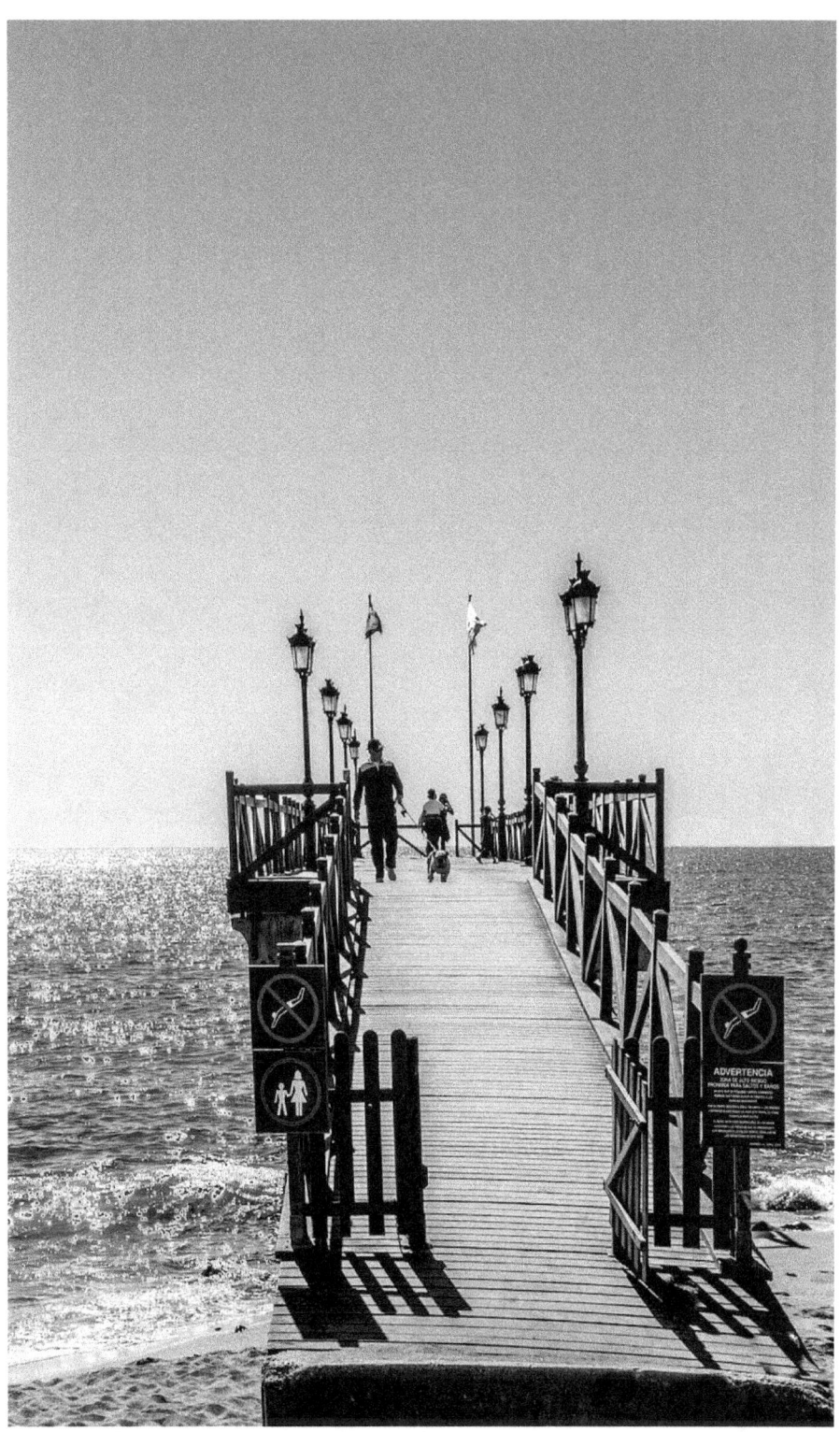

EPÍLOGO

"La Mezquita de Córdoba."

8 EPÍLOGO

8.1 Viejos Mitos

El Arte andalusí, el arte cumbre del mundo islámico, se dio en un lugar tan excepcional como el Al Ándalus, en plena Europa, que muchos nostálgicos tratan de reproducir en lejanos lugares, sin asumir aún, que forma parte del carácter de estos habitantes del Sur de la vieja Península Ibérica.

⇨ **Carácter tan criticado por gentes desconocedoras y mal informadas,** que a veces desespera inclusive a este andaluz que escribe, pero que ya asume que forma parte de nuestra "alma", que hacen que millones de personas de otras regiones o países desean vivir en esta hermosa tierra.

⇨ **Descubrir esta parte de nuestro pasado común,** desde arte califal, al taifal, al almorávide o almohade, al nazarí, y sin olvidar el mudéjar, es un reto que cualquier amante de la vida, debe realizar en su caminar vital.

⇨ **Olvidarnos de viejos mitos,** que se reciclan cada pocas décadas, contando que unos eran los buenos y otros los malos, es mentir a la historia, siempre los notables o poderosos son escasos en generosidad, y el pueblo o las clases medias es incitado al odio para afianzar su poder, independientemente que sean religiosos (musulmanes o cristianos) o solo adoren el Dios Dólar…

8 EPÍLOGO

8.2. Viajando.

La eterna excusa, viajar es para ricos, y como siempre, hay que desmentirlo, hacer turismo es caro, viajar es barato.

⇨ **Vuelos LowCost,** que por apenas 50€ te trasladan de lejanas ciudades europeas al Aeropuerto de Málaga o Madrid, o Autobuses que por 25€ te llevan de Madrid al Sur, sin olvidar los coches compartidos, que por casi nada, te trasladan entre ciudades, son opciones para trasladarnos a precios económicos.

⇨ **Cientos de Hosteles** que encontraremos en cualquier lugar del mundo, que por pocos euros, tendremos un lugar donde dormir, un desayuno incluído y una cocina para utilizar.

⇨ **Cenar en restaurantes agradables,** siempre es una opción, pero si no deseamos dejar la Visa en bancarrota, en cualquier supermercado podremos comprar productos básicos para **cocinar en el Hostel,** y al final de una semana de largo viaje, nos habrá costado apenas 20 euros en comer.

⇨ De lo que será más difícil escaparnos, **es de precios abusivos en muchos lugares dignos de visitar,** pero solo es compensar, no todos los lugares recomendados en multitud de guías o agencias, merecen pagar precios tan altos, y lugares hermosos dignos de visitar suelen tener precios simbólicos, es solo saber buscar...

Este consumismo que nos desborda, que nos asfixia, que nos fuerza a justificarnos porque no pagamos 600€ por el último modelo de móvil, más aún si saben que tenemos dicha cantidad, hace que cuando viajamos perdamos la vista de lo principal, descubrir nuevos lugares por ir a los sitios de moda para llevarnos cientos de fotografías que se quedan almacenadas en algunos de los cientos de carpetas guardadas en nuestro portátil o tableta, o quizás, los álbumes de 500 fotografías que subimos a las redes sociales...

www.ingramcontent.com/pod-product-compliance
Lightning Source LLC
Chambersburg PA
CBHW051524170526
45165CB00002B/598